高等职业教育（本科）路桥类专业系列教材

道路工程制图与识图习题集

主　编　赵云华　裴建新
副主编　刘　璇　于馥丽
参　编　郭超祥　圣小艳　李永琴　邱建冬
主　审　马国峰

机械工业出版社

本习题集与赵云华主编的《道路工程制图与识图》教材相配套，主要有以下内容：绘制道路工程中的几何图形、抄绘桥墩一般构造图、绘制桥台模型的投影图、分析形体上基本元素的投影、绘制与识读工程中基本体的投影、绘制工程中截切体的投影、绘制工程中相贯体的投影、绘制与识读道路工程中组合体投影、绘制与识读桥涵构件的构造图、识读公路路线工程图、识读城市道路工程图、识读桥梁工程图、识读涵洞工程图、识读隧道工程图。

本书可作为职业本科道路桥梁类专业（道桥、隧道、市政、轨道及工程管理类专业）的教材，也可供相关技术人员参考使用。

图书在版编目（CIP）数据

道路工程制图与识图习题集/赵云华，裴建新主编．—北京：机械工业出版社，2023.12

高等职业教育（本科）路桥类专业系列教材

ISBN 978-7-111-73968-5

Ⅰ.①道… Ⅱ.①赵… ②裴… Ⅲ.①道路工程-工程制图-高等职业教育-习题集②道路工程-工程制图-识别-高等职业教育-习题集 Ⅳ.①U412.5-44

中国国家版本馆 CIP 数据核字（2023）第 187803 号

机械工业出版社（北京市百万庄大街 22 号　邮政编码 100037）
策划编辑：沈百琦　　责任编辑：沈百琦
责任校对：闫玥红　李　杉　　封面设计：马精明
责任印制：单爱军
北京虎彩文化传播有限公司印刷
2024 年 1 月第 1 版第 1 次印刷
260mm×184mm · 12 印张 · 151 千字
标准书号：ISBN 978-7-111-73968-5
定价：39.00 元

电话服务　　网络服务
客服电话：010-88361066　　机　工　官　网：www.cmpbook.com
010-88379833　　机　工　官　博：weibo.com/cmp1952
010-68326294　　金　书　网：www.golden-book.com
封底无防伪标均为盗版　　机工教育服务网：www.cmpedu.com

前　　言

本习题集的结构、项目层次与赵云华主编的《道路工程制图与识图》项目式教材相配套。

针对职业本科这一新的教育体系，我们与行业、企业专家共同探讨，进一步明确职业本科教育的人才培养目标，明确“道路工程制图与识图”的主要教学目标是熟悉必需的画法几何、工程制图知识，掌握识读与审核道路工程施工图的方法。结合企业专家的意见，我们对本书做了精心设计与编写。

本书内容有如下特点：

1. 围绕学习任务，以道路工程形体为载体，编写习题内容。将点、线、面投影部分的习题设计为分析道路桥梁形体上点、线、面的投影，将理论知识与工程实际相结合；在形体（基本体、截切体、相贯体、组合体）投影部分，其形体全部选自道路工程实际，让同学在解决几何问题的同时，逐步认识工程中的形体；在绘制与识读桥涵构件的构造图部分，增加了更多的工程实例，更加突出了道路工程中规定画法及习惯画法的学习；识读公路路线、城市道路、桥梁、涵洞、隧道工程图等部分的习题选自道路工程一线真实的、成套的工程图例，更加贴近工程实际，充分体现其职业教育的特性。

2. 在点、线、面投影的部分编写了少量的较为抽象的习题，为学有余力的同学提供提升的空间。在绘制与识读桥涵构件的构造图部分，设计了一些综合性的、开放性的习题，让同学能灵活应用所学知识解决实际问题，培养想象力和创新精神，充分体现其职业本科的特性。

3. 习题设计有明显梯度，由易到难，由浅入深，由单一练习到综合应用，便于授课教师因材施教。

4. 应用现代信息技术的最新成果，进行立体化教材的开发，体现了党的二十大报告中“交通强国、网络强国、数字中国”的理念，教材配有可以任意转动和放大的三维仿真模型、微课视频、识图课件、习题答案等资源。

作者对使用本习题集的师生有以下几点建议：①本习题集的习题数量较多，难度由浅入深，应根据学生的具体情况选择相应的习题供学生练习；②识读道路工程图（识读公路路线工程图、识读城市道路工程图、识读桥梁工程图、识读涵洞工程图、识读隧道工程图）部分是与工程联系最紧密的部分，而学生接触实际工程较少，所以我们用了较大的篇幅插入了各种方位的立体图，希望同学在学习的过程中能对照立体图仔细阅读工程图；③习题集中标注“＊”的习题为选做题，各学校可以根据实际情况选择。

本书由山西工程科技职业大学赵云华、裴建新任主编，由山西工程科技职业大学刘璇、于馥丽任副主编，参与编写的还有山西工程科技职业大学郭超祥、圣小艳、李永琴和山西省交通规划勘测设计院邱建冬，全书由山西工程科技职业大学马国峰审核。具体编写分工如下：刘璇负责编写项目四、项目五、项目八、项目十二；于馥丽负责编写项目一、项目二、项目六；圣小艳负责编写项目三、项目七；郭超祥负责编写项目九；邱建冬负责编写项目十；裴建新负责编写项目十一；李永琴负责编写项目十三；赵云华负责编写项目十四。

限于时间及编者的水平，书中缺点、错误在所难免，恳请使用本书的师生及有关人士批评指正。

编　者

本书配套资源清单

一、微课类资源列表

序号	名称	图形	序号	名称	图形	序号	名称	图形	序号	名称	图形
1	10-1 路线平面图		6	11-3 城市道路排水施工纵断面图		11	12-7 桥墩盖梁钢筋构造图		16	14-1（1）隧道洞门的结构	
2	10-2 路线纵断面图		7	12-2 钢筋混凝土空心板构造图		12	12-8 桥台盖梁钢筋构造图		17	14-1（2）隧道洞门施工图	
3	10-3 路基横断面图		8	12-3 某钢筋混凝土中板钢筋构造图		13	12-9 桥墩桩基钢筋构造图		18	14-2 隧道衬砌断面设计图	
4	11-1 城市道路横断面施工图		9	12-5 桥面铺装钢筋构造图		14	13-1 识读某钢筋混凝土斜盖板涵工程图		19	14-3 钢拱架支撑构造图	
5	11-2 雨水管道施工平面图		10	12-6 桥面连续钢筋构造图		15	13-4 识读石拱涵工程图		20	14-4 二次衬砌钢筋设计图	

二、彩图类资源列表

序号	名称	图形	序号	名称	图形	序号	名称	图形	序号	名称	图形
1	11-2 某路段雨水管道立体示意图		2	12-1 某钢筋混凝土板梁桥立体示意图		3	12-2 某钢筋混凝土空心板立体示意图		4	12-3 某钢筋混凝土中板立体示意图	

（续）

二、彩图类资源列表											
序号	名称	图形	序号	名称	图形	序号	名称	图形	序号	名称	图形
5	12-4 某钢筋混凝土边板立体示意图		10	12-9 某桥墩桩基础钢筋立体示意图		15	13-5 某钢筋混凝土箱涵立体示意图		20	14-1 隧道洞门立体示意图(4)	
6	12-5 某桥面铺装立体示意图		11	13-1 某钢筋混凝土斜盖板涵立体示意图		16	13-6 某钢筋混凝土箱涵涵身钢筋立体示意图		21	14-1 隧道洞门立体示意图(5)	
7	12-6 某桥面连续钢筋立体示意图		12	13-2 某钢筋混凝土圆管涵立体示意图		17	14-1 隧道洞门立体示意图(1)		22	14-3 某Ⅴ级围岩浅埋段钢拱架支撑立体示意图	
8	12-7 某桥墩盖梁钢筋立体示意图		13	13-3 某钢筋混凝土斜圆管涵立体示意图		18	14-1 隧道洞门立体示意图(2)		23	14-4 某隧道Ⅲ级围岩段二次衬砌钢筋立体示意图	
9	12-8 某桥台盖梁钢筋立体示意图		14	13-4 某石拱涵立体示意图		19	14-1 隧道洞门立体示意图(3)				

三、模型类资源列表											
序号	名称	图形	序号	名称	图形	序号	名称	图形	序号	名称	图形
1	6-1 工程中截切体模型(1)		3	6-1 工程中截切体模型(3)		5	6-1 工程中截切体模型(5)		7	6-2 工程中截切体模型(1)	
2	6-1 工程中截切体模型(2)		4	6-1 工程中截切体模型(4)		6	6-1 工程中截切体模型(6)		8	6-2 工程中截切体模型(2)	

（续）

三、模型类资源列表											
序号	名称	图形	序号	名称	图形	序号	名称	图形	序号	名称	图形
9	6-2 工程中截切体模型（3）		16	6-4 工程中截切体模型（4）		23	7-1 工程中相贯体模型（3）		30	7-3 工程中相贯体模型（3）	
10	6-2 工程中截切体模型（4）		17	6-5 工程中截切体模型（1）		24	7-1 工程中相贯体模型（4）		31	7-3 工程中相贯体模型（4）	
11	6-3 工程中截切体模型（1）		18	6-5 工程中截切体模型（2）		25	7-2 工程中相贯体模型（2）		32	8-5 工程中组合体模型（1）	
12	6-3 工程中截切体模型（2）		19	6-5 工程中截切体模型（3）		26	7-2 工程中相贯体模型（3）		33	8-5 工程中组合体模型（2）	
13	6-4 工程中截切体模型（1）		20	6-5 工程中截切体模型（4）		27	7-2 工程中相贯体模型（4）		34	8-5 工程中组合体模型（3）	
14	6-4 工程中截切体模型（2）		21	7-1 工程中相贯体模型（1）		28	7-3 工程中相贯体模型（1）		35	8-5 工程中组合体模型（4）	
15	6-4 工程中截切体模型（3）		22	7-1 工程中相贯体模型（2）		29	7-3 工程中相贯体模型（2）		36	8-6 肋板式桥台模型	

（续）

三、模型类资源列表											
序号	名称	图形	序号	名称	图形	序号	名称	图形	序号	名称	图形
37	8-7 工程中组合体模型（1）		45	9-2 桥涵构件模型（4）		53	12-7 某桥墩盖梁钢筋模型		61	13-6 某钢筋混凝土箱涵涵身钢筋模型	
38	8-7 工程中组合体模型（2）		46	12-1 某钢筋混凝土板梁桥模型		54	12-8 某桥台盖梁钢筋模型		62	14-1 隧道洞门模型（1）	
39	8-7 工程中组合体模型（3）		47	12-2 某钢筋混凝土空心板模型		55	13-1 某钢筋混凝土斜盖板涵模型		63	14-1 隧道洞门模型（2）	
40	8-7 工程中组合体模型（4）		48	12-3 某钢筋混凝土中板（铰缝处理）		56	13-2 某钢筋混凝土圆管涵模型		64	14-1 隧道洞门模型（3）	
41	9-1 桥涵构件模型（2）		49	12-3 某钢筋混凝土中板		57	13-3 某钢筋混凝土斜圆管涵模型		65	14-1 隧道洞门模型（4）	
42	9-2 桥涵构件模型（1）		50	12-4 某钢筋混凝土边板模型		58	13-4 某石拱涵模型（1）		66	14-3 某Ⅴ级围岩浅埋段钢拱架支撑模型	
43	9-2 桥涵构件模型（2）		51	12-5 某桥面铺装模型		59	13-4 某石拱涵模型（2）		67	14-4 某隧道Ⅲ级围岩段二次衬砌钢筋模型	
44	9-2 桥涵构件模型（3）		52	12-6 某桥面连续钢筋模型		60	13-5 某钢筋混凝土箱涵模型				

目　　录

1-1　在指定位置抄绘隧道衬砌断面图（比例为 1 : 100）。

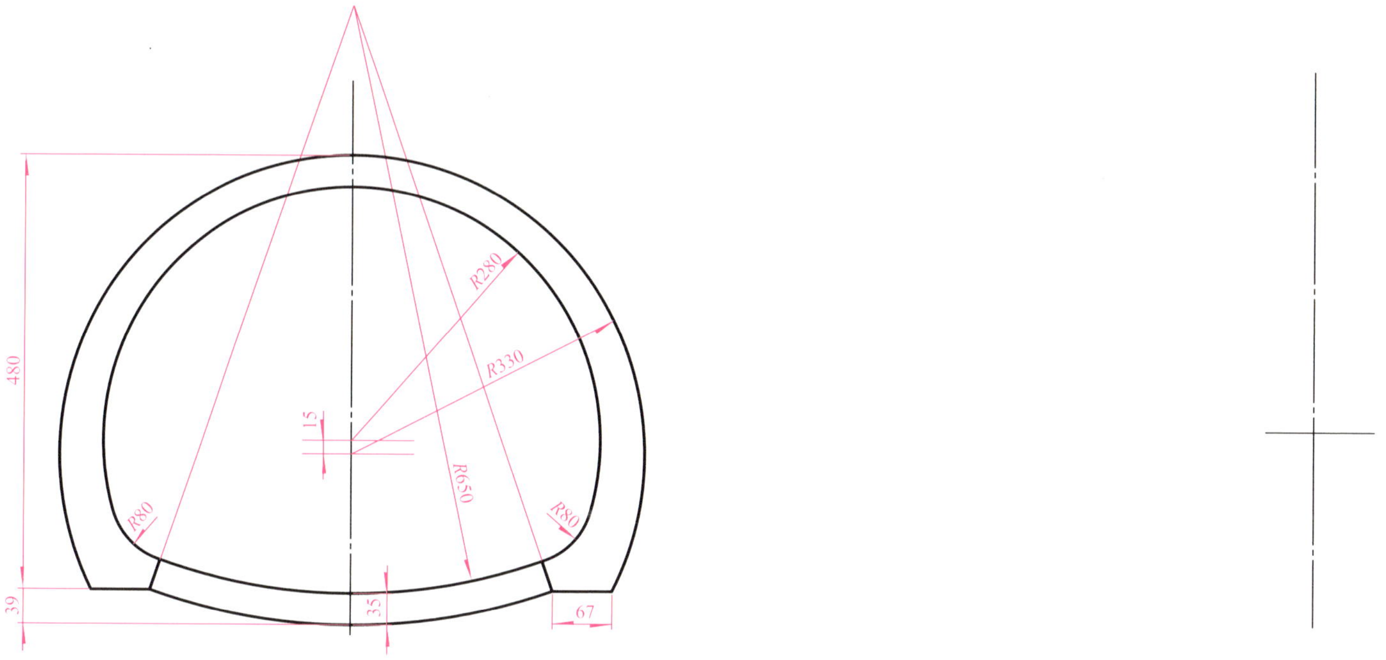

项目二　抄绘桥墩一般构造图

2-1　工程字练习。

公 路 路 线 城 市 道 路 桥 梁 涵 洞 隧 道 钢 筋 混 凝 土 结 构

制 图 标 准 线 型 尺 寸 结 构 施 工 原 理 涵 线 附 注 平 立 剖

2-2 在下列指定位置分别画出六种图线的水平线。

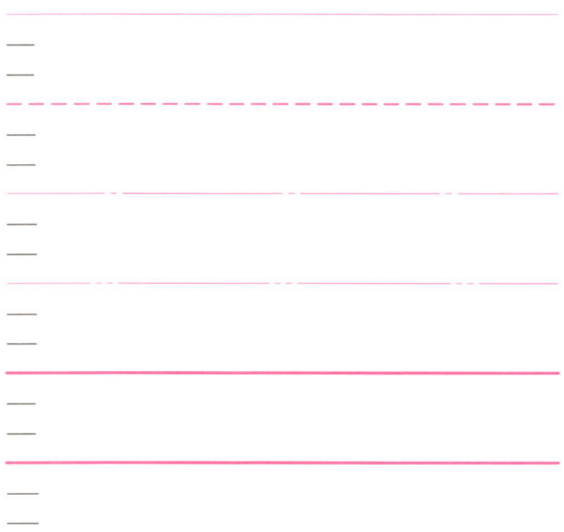

2-3 以中心线的交点为圆心，过其线上给出的四点，由大到小依次画粗线圆、虚线圆、点划线圆、细实线圆。

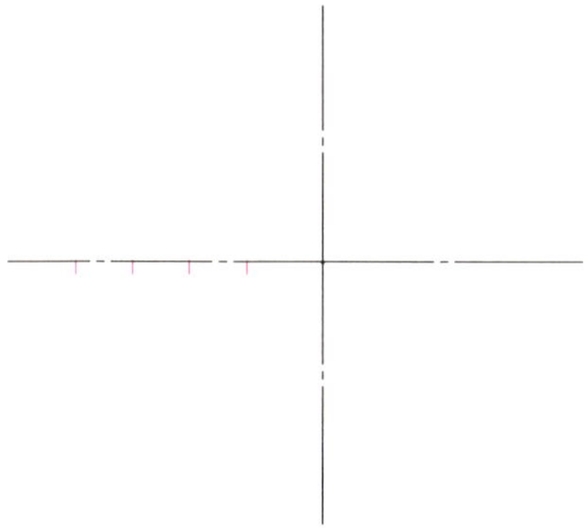

2-4 在下面指定位置抄绘给出的图形（线型要符合规定）。

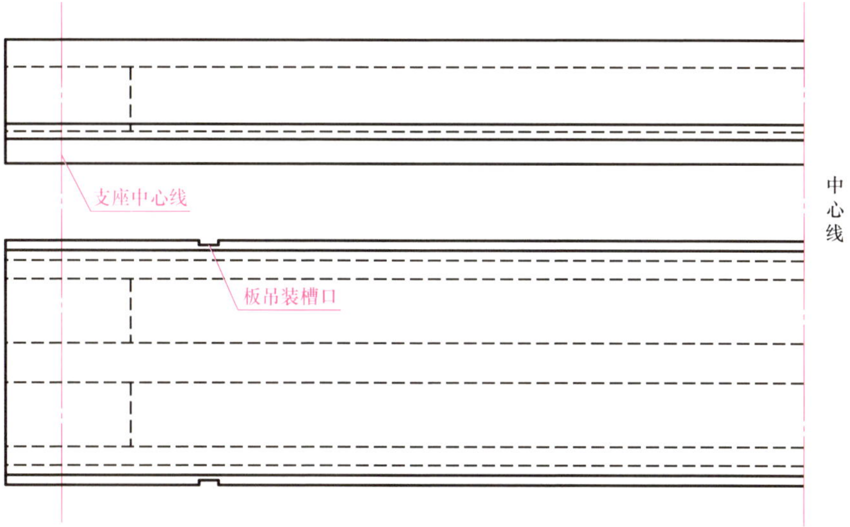

项目三　绘制桥台模型的投影图

3-1　由立体图画出形体的三面投影图（尺寸按 1∶1 在立体图上量）。

（1）

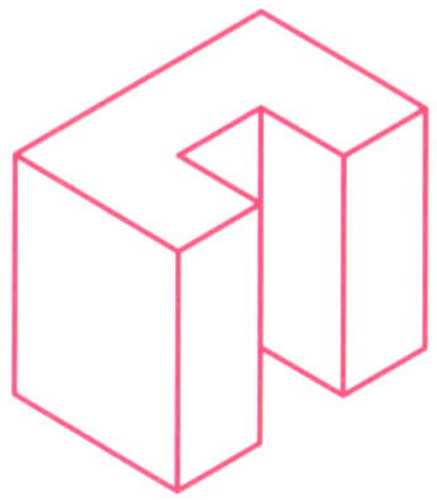

（2）

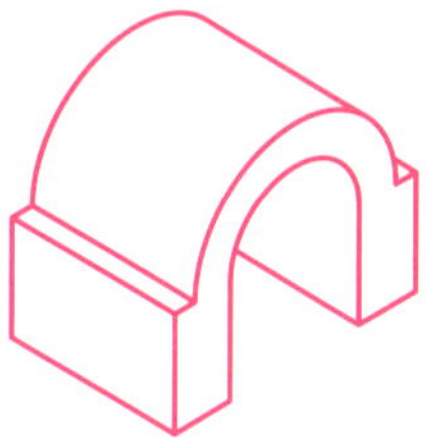

（3）

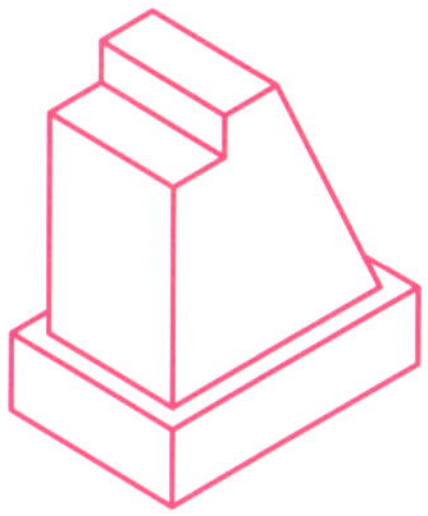

（4）

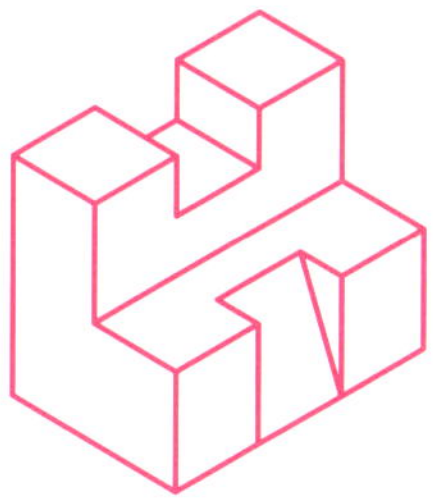

（5）

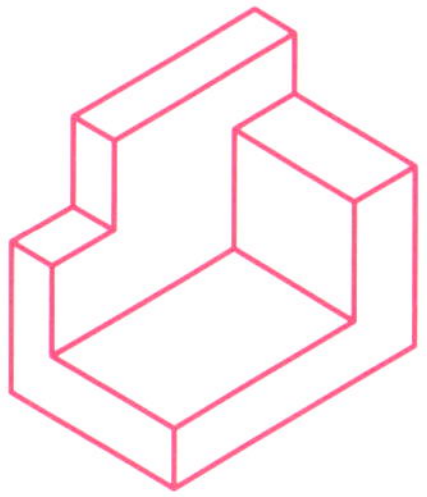

（6）

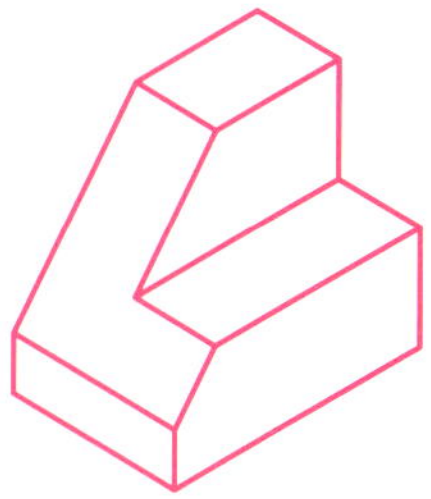

3-2　由立体图画出形体的三面投影图（尺寸按1∶1在立体图上量）。

(1)

(2)

(3)

(4)

项目四　分析形体上基本元素的投影

4-1　已知 A 点的三面投影，并知 B 点在 A 点之上、之前、之左各 12mm，求 B 点的三面投影。

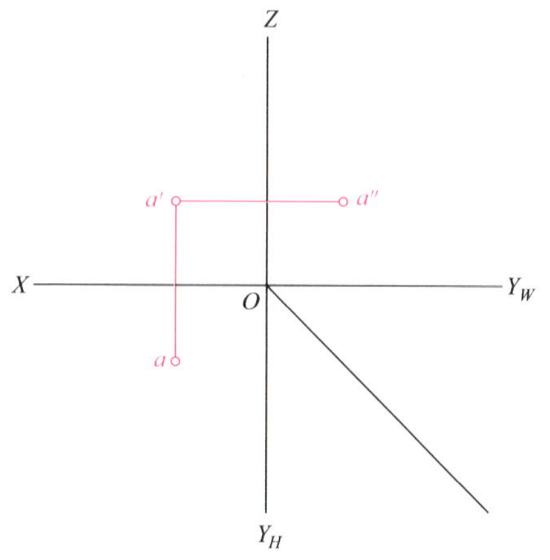

4-2　已知 A、B 两点的三面投影，判断 A、B 两点的位置。A 点在 B 点之（　　）、之（　　）、之（　　）。

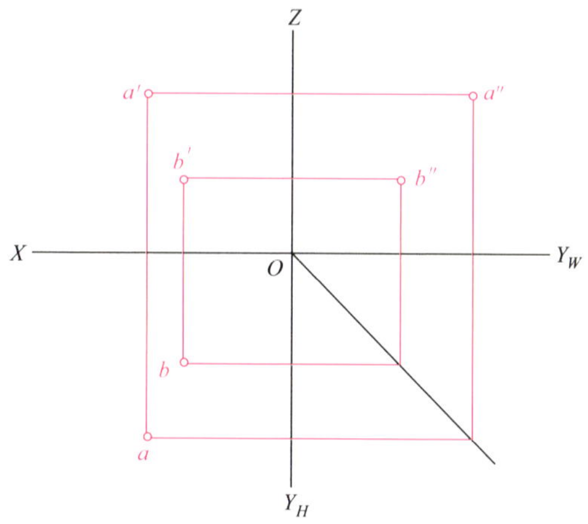

4-3　求 A、B、C 各点的 H 面投影，并将同面投影两两连成直线。

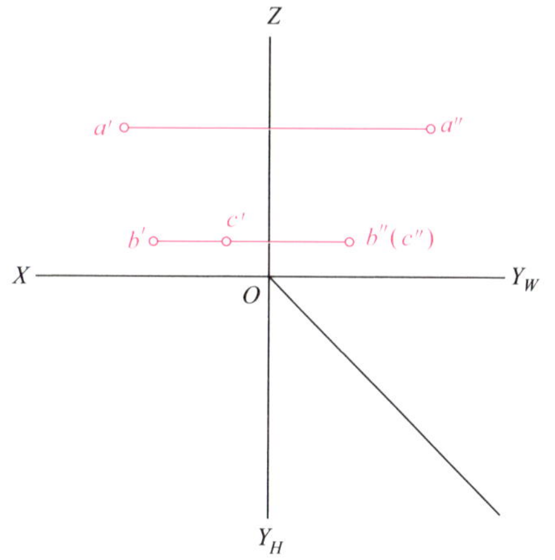

4-4　已知立体各定点的两面投影，求其 W 面投影，并将其相邻各顶点两两连成直线。

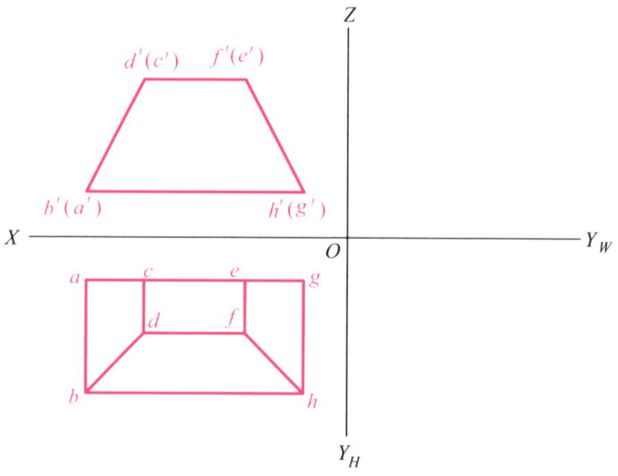

4-5　图为 1/2 U 型桥台台身的立体示意图和其三面投影图。请参照立体图，在三面投影图中找出棱线 *AB*、*CD*、*EF* 的三面投影（用粗实线或中虚线描出并标注符号），并指出它们各为何种位置的直线。

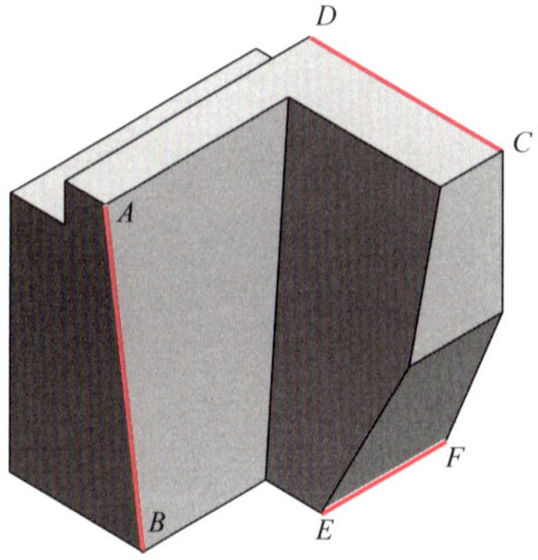

AB　侧平线

CD　______

EF　______

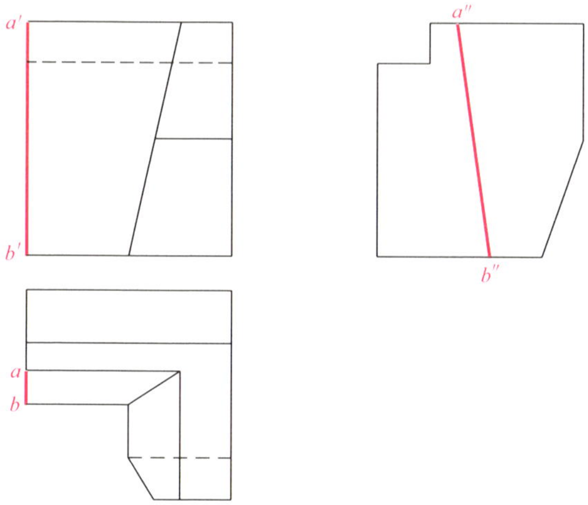

4-6　已知形体的三面投影及形体上直线的两面投影，请画出直线的第三面投影，并在立体图中指出其位置（用粗实线或中虚线描出并标注符号），指出它们各为何种位置的直线。

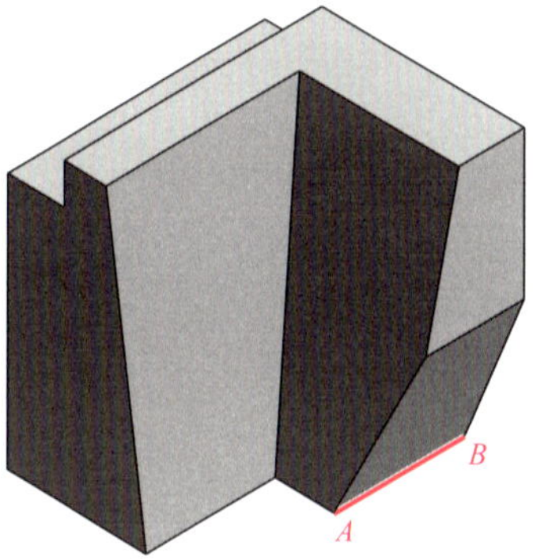

AB　侧垂线

CD　______

EF　______

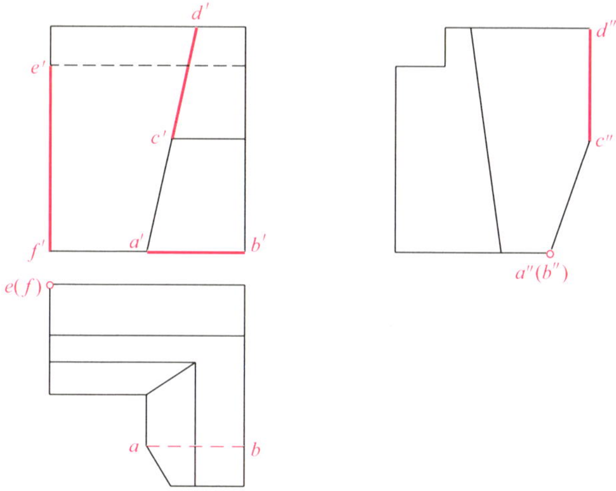

4-7　已知直线 AB 为水平线，求其 V、W 面投影并标出 AB 与水平面的距离。

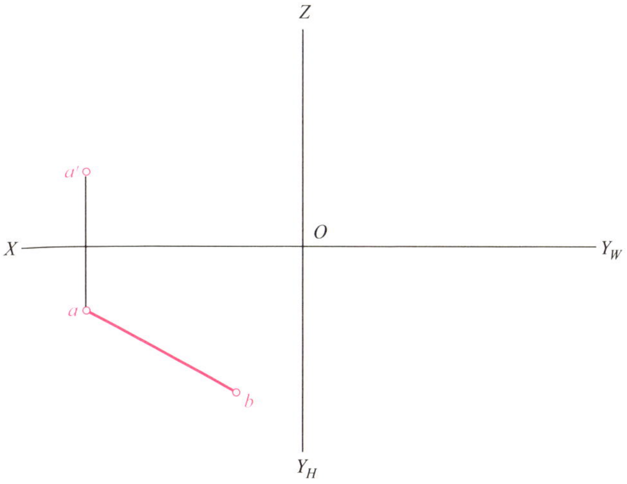

4-8　已知水平线 AB 的 H 面投影及 AB 距 H 面的距离为 25mm，求 AB 的其他两面投影。

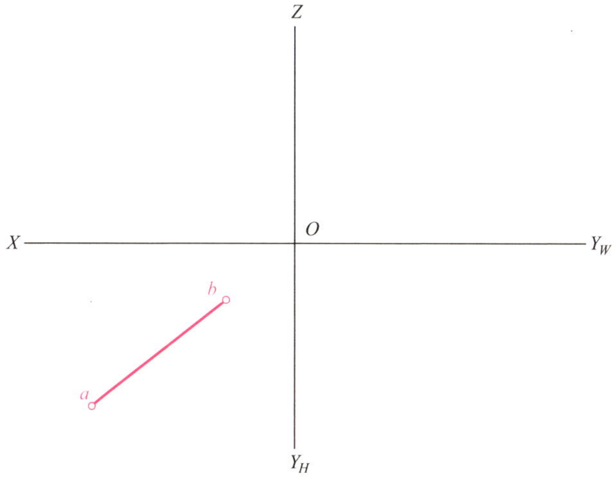

4-9　已知直线 AB 为正平线，距 V 面 30mm，求 ab、$a''b''$。

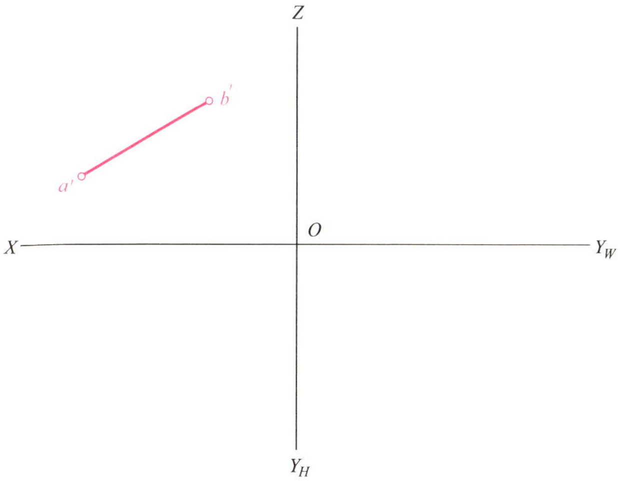

4-10　直线 CD 上的 C 点与 V 面的距离为 10mm，D 点比 C 点靠前 20mm，求水平投影 cd。

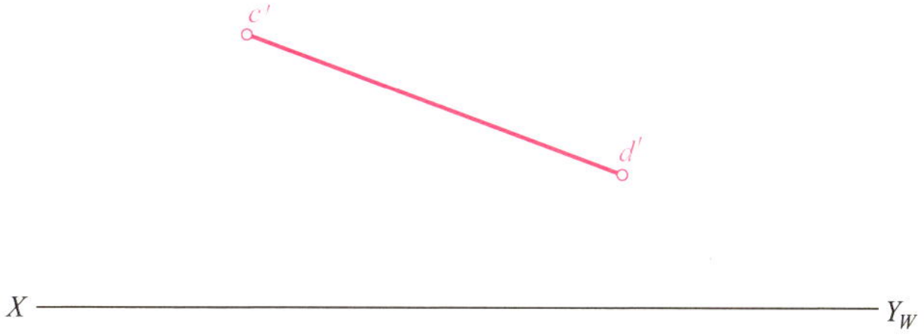

4-21 已知 1/2 桥台台身的三面投影及形体表面的两面投影，请画出该表面的第三面投影（用粗实线或中虚线描出并标注符号），并在立体图中指出其位置（用粗实线或中虚线描出并标注符号），指出它们各为何种位置的平面。

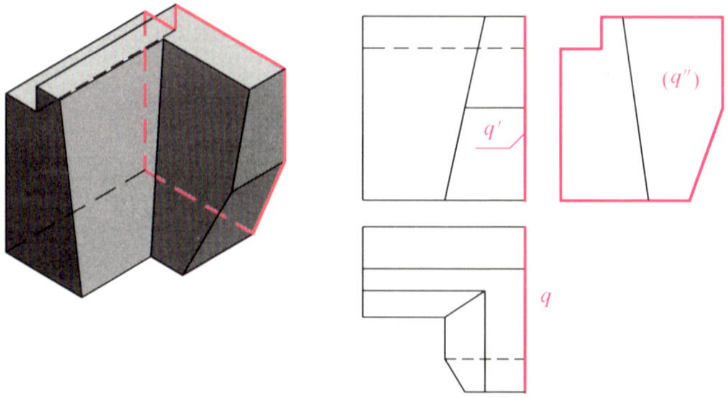

侧 平 面

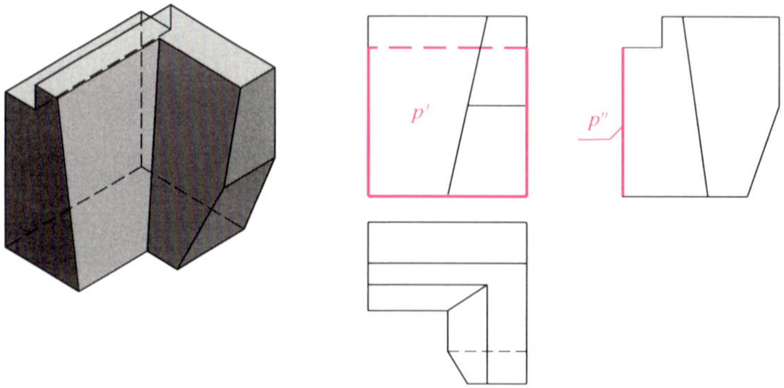

______ 面

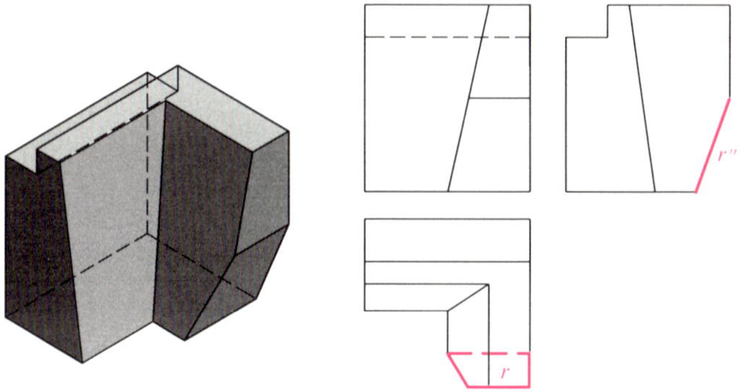

______ 面

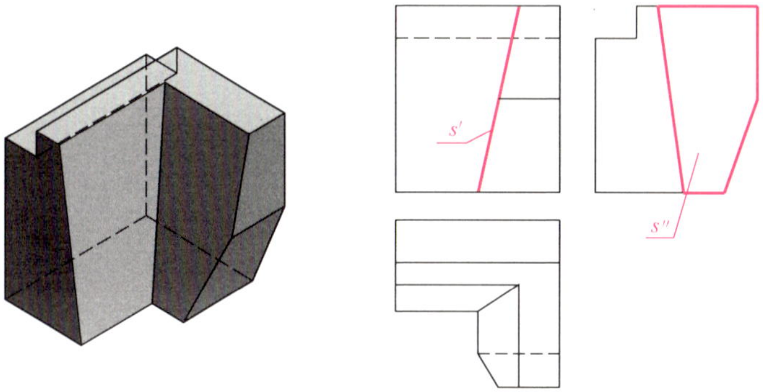

______ 面

4-22　图为某一涵洞八字墙的立体示意图和其三面投影图。请参照其立体图，在三面投影图中找出平面 *Q*、*R* 及 *ABCD* 的三面投影（用粗实线或中虚线描深），并指出它们各为何种位置的平面。

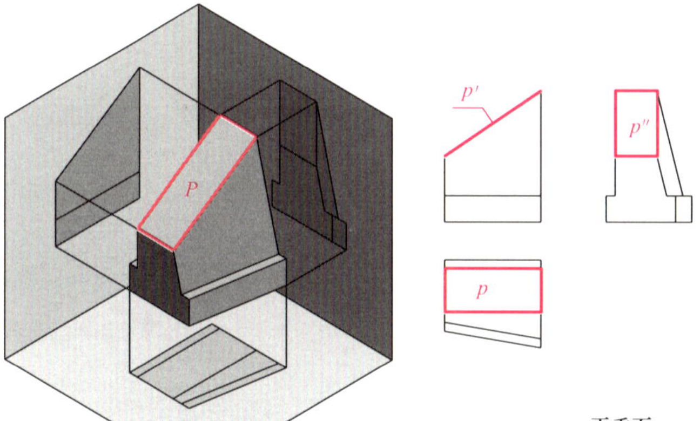

正垂面

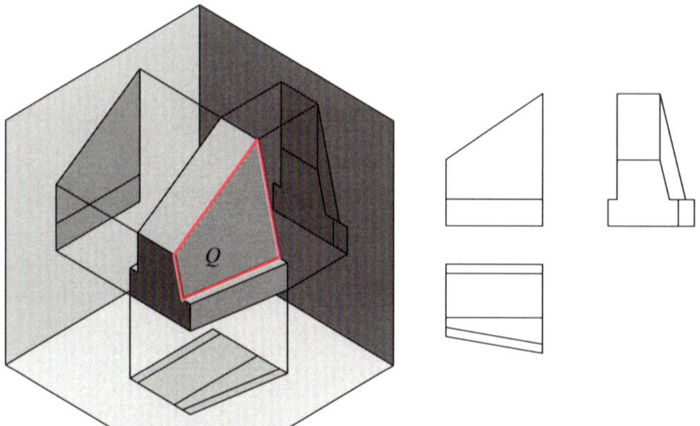

____面

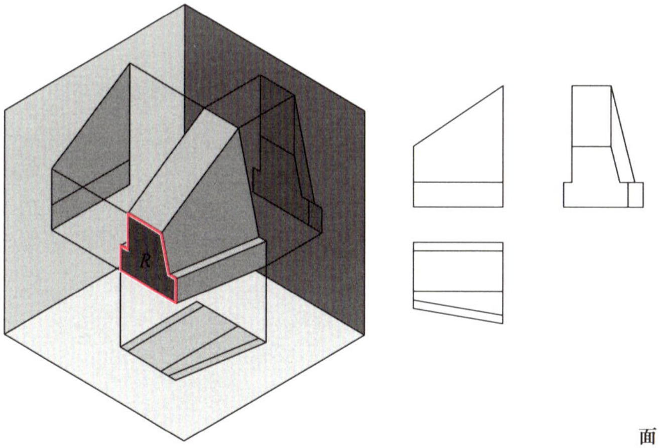

____面

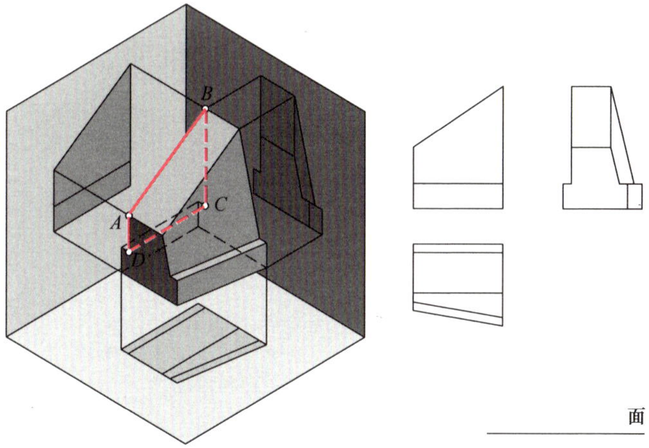

____面

4-23　已知形体（涵洞八字墙）的三面投影及形体表面的两面投影，请画出该表面的第三面投影（用粗实线或中虚线描出并标注符号），并在立体图中指出其位置（用粗实线或中虚线描出并标注符号），指出它们各为何种位置的平面。

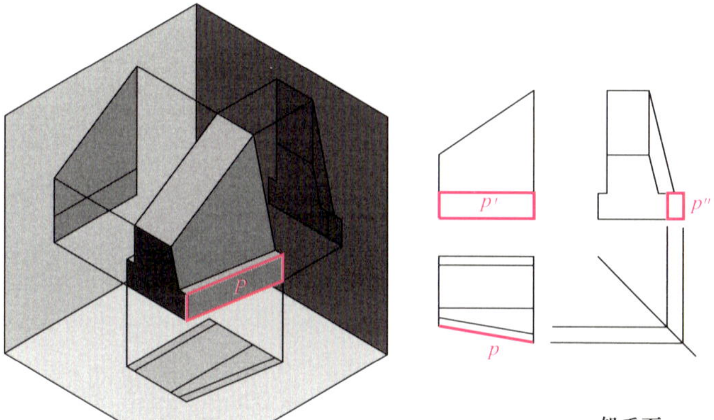

铅垂面

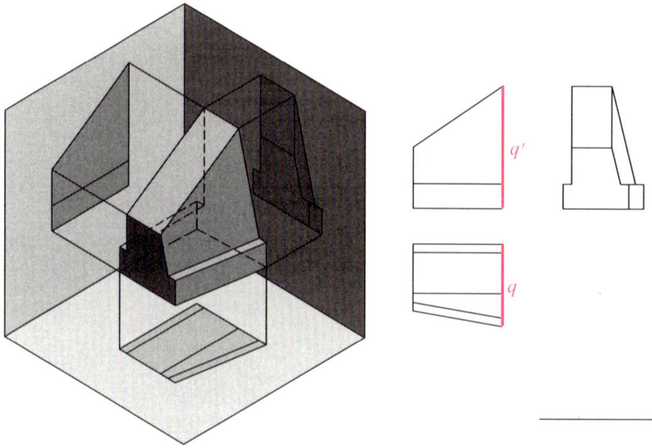

面

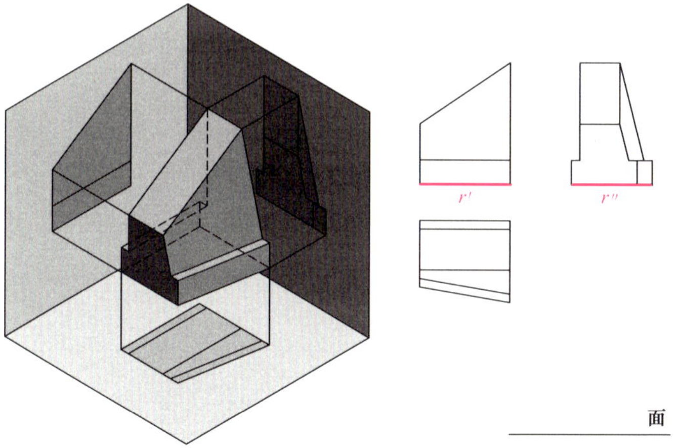

面

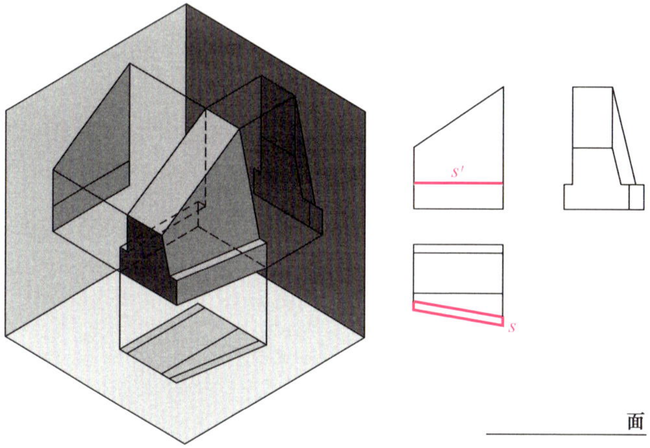

面

4-24　已知正平面距 *V* 面 10mm，试完成该平面的 *H*、*W* 面投影。

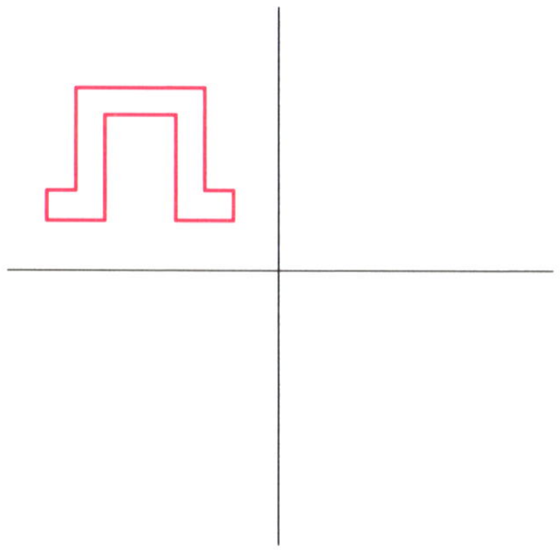

4-25　已知正方形 *ABCD*//*V* 面，该平面上有一点 *E*，试完成正方形及 *E* 点的三面投影。

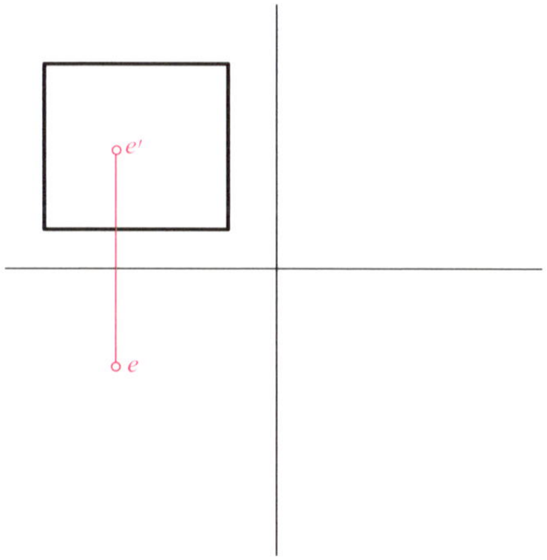

4-28　求作桥墩形体的 *W* 面投影，并将其 7 个表面与投影面的相对位置名称填入下表。

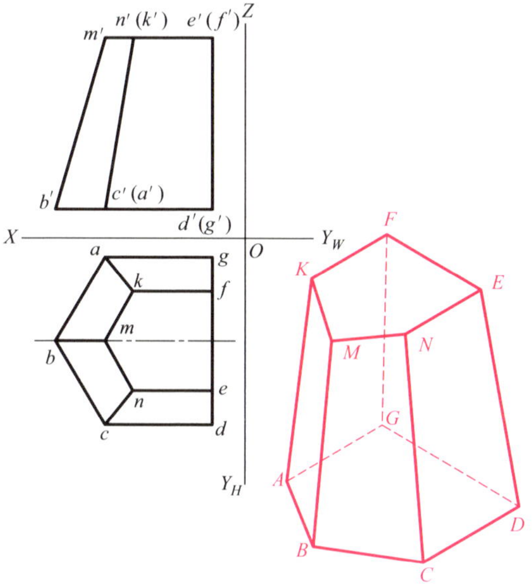

平面	名称
AKMB	
BMNC	
NCDE	
FKMNE	
AGFK	
ABCDG	
GFED	

4-26　图示平面为侧垂面，求作该平面的 *H* 面投影。

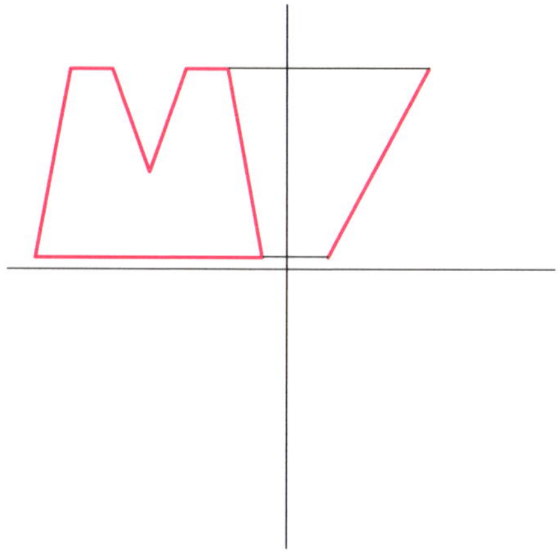

4-27　完成下列正垂面的 *W* 面投影。

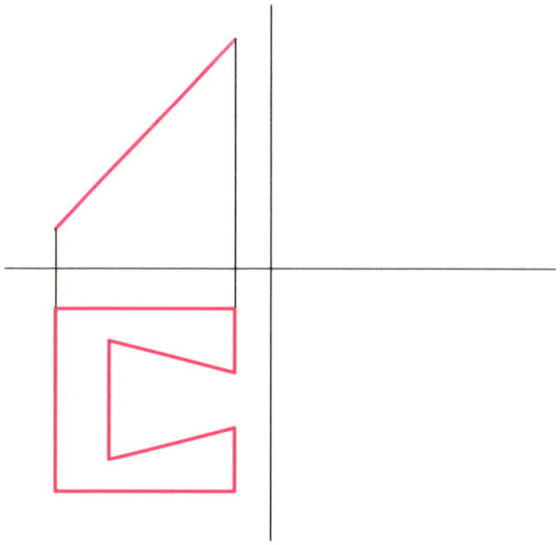

*4-29　已知矩形 $ABCD$ 为侧垂面，其 $\alpha=30°$，求此矩形的 V、W 面投影。（只求一解）

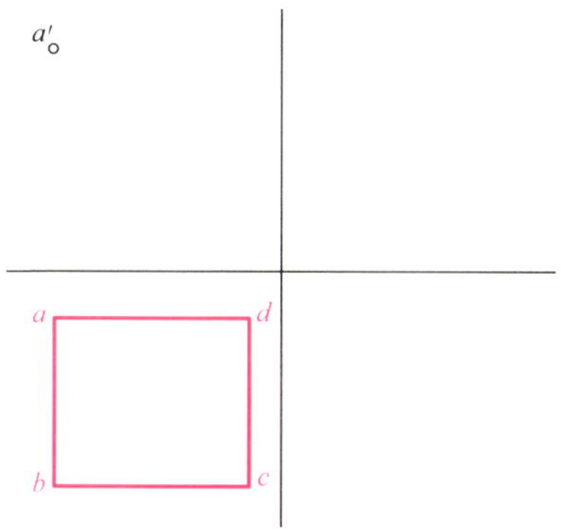

*4-30　在 ΔABC 上过 B 点作水平线 BD；过 C 点作侧平线 CE。

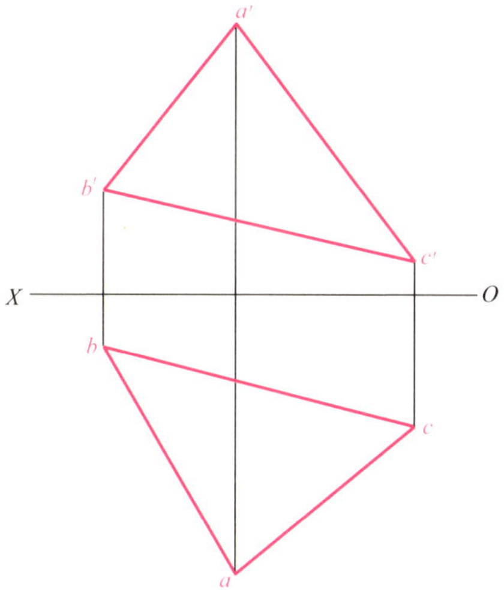

*4-31　在 ΔABC 上取一点 D，使 D 点比 B 点低 15mm，并在 B 点之前 17mm。

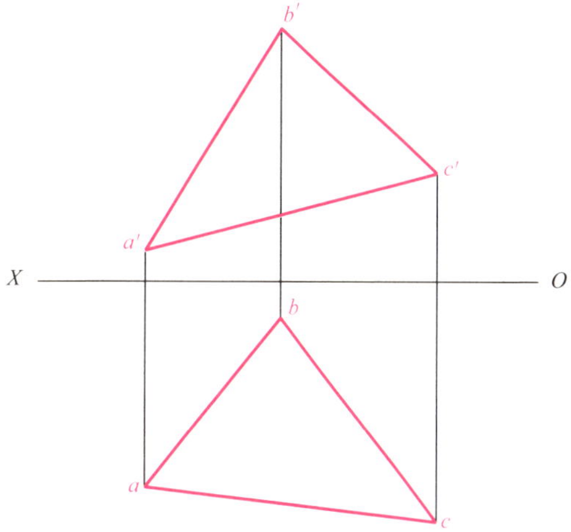

*4-32　补全五边形 $ABCDE$ 平面的 H 面投影，并补出面上点 k'。

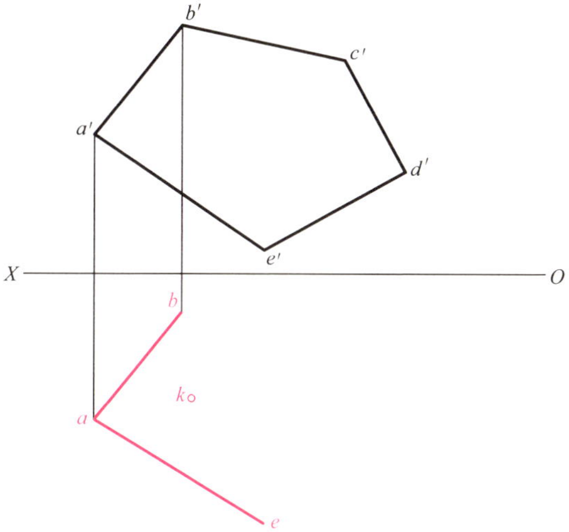

5-3　完成形体的投影，并画出表面上点的投影。

（1）

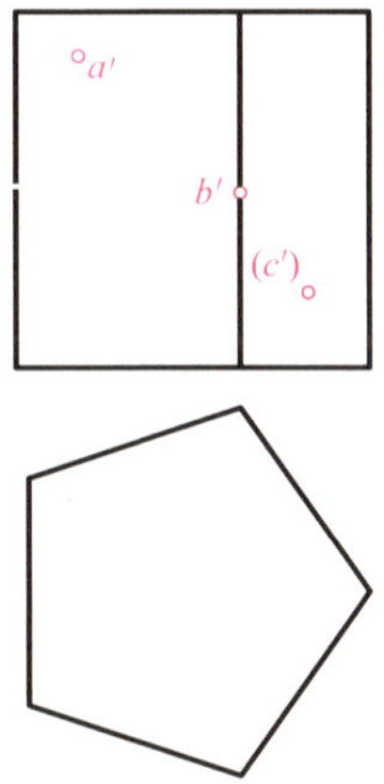

（2）

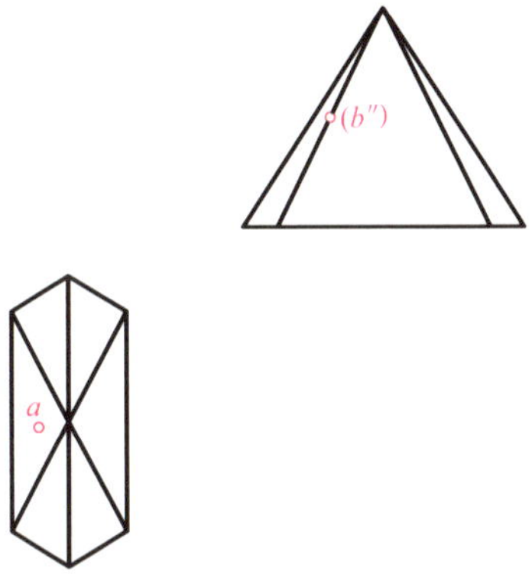

（3）

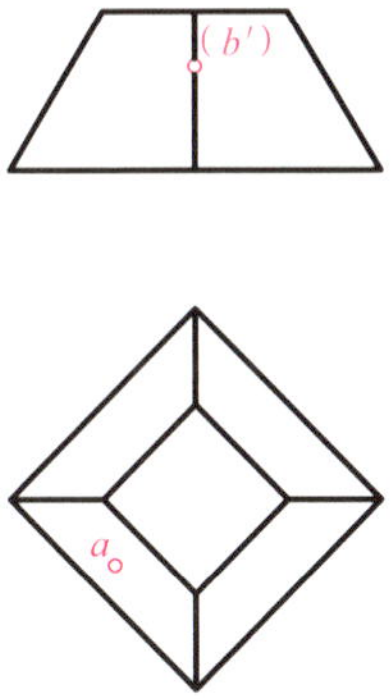

5-4　完成形体的投影，并画出表面上点的投影。

（1）

（2）

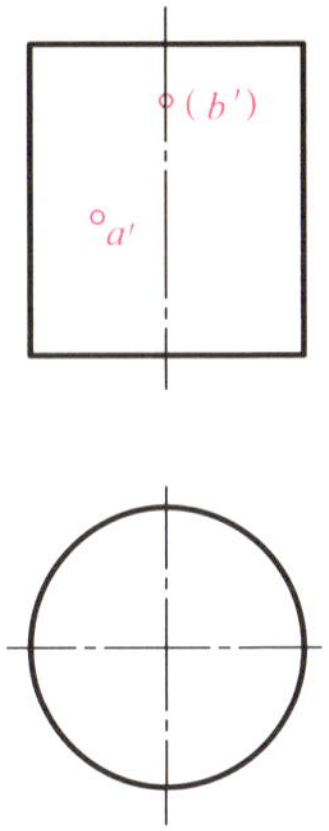

（3）

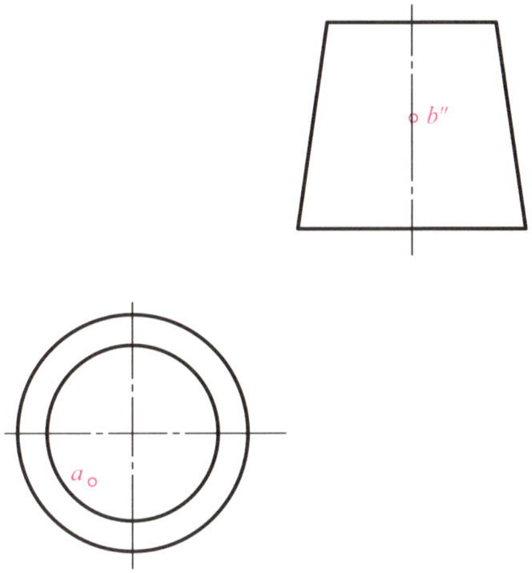

项目六　绘制工程中截切体的投影

6-1　已知形体的两面投影，请补画其第三面投影。

（1）

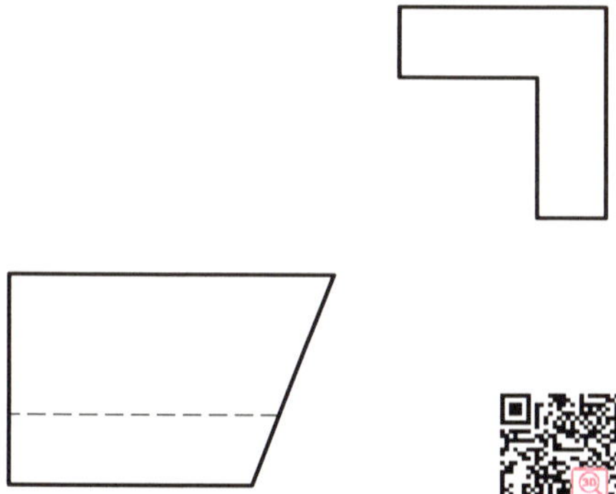

（模型）

（2）

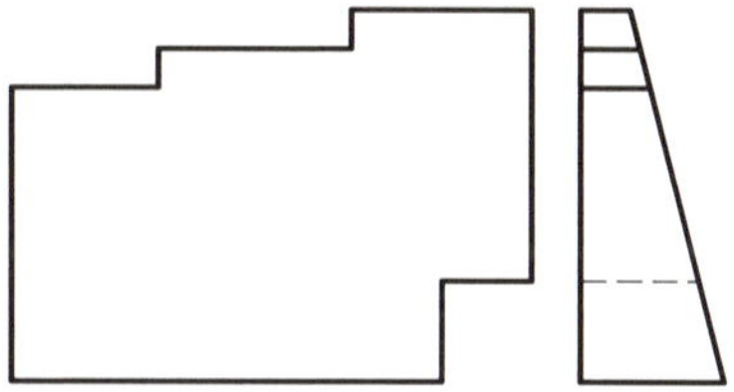

（模型）

（3）

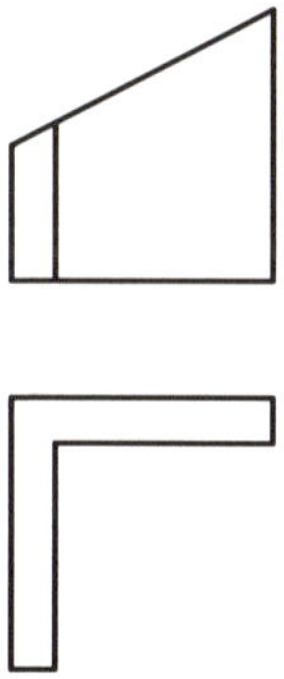

（模型）

（4）

（模型）

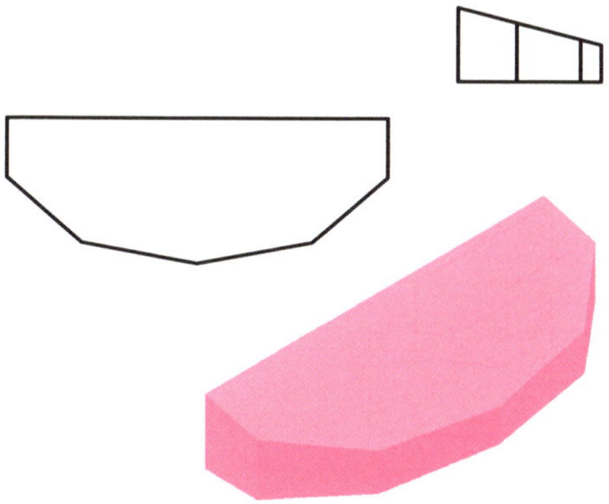

（5）

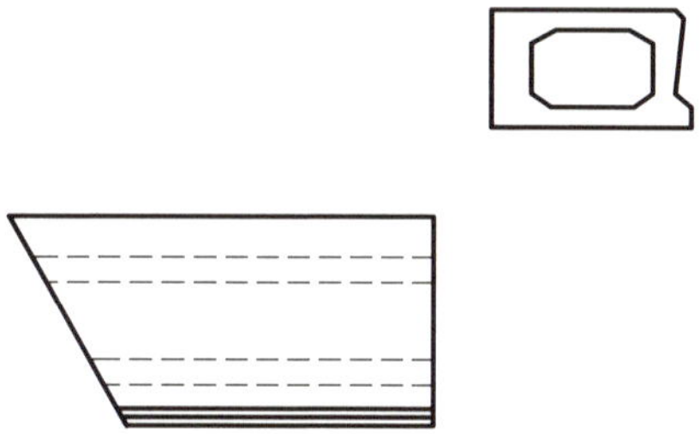

（模型）

（6）

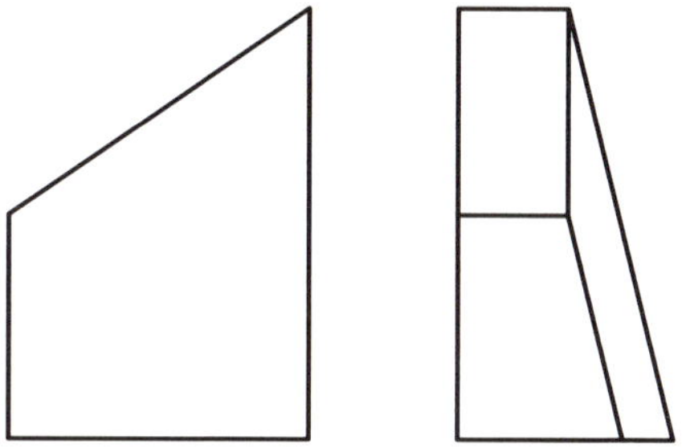

（模型）

＊6-2　已知形体的两面投影，完成第三面投影。

(1)

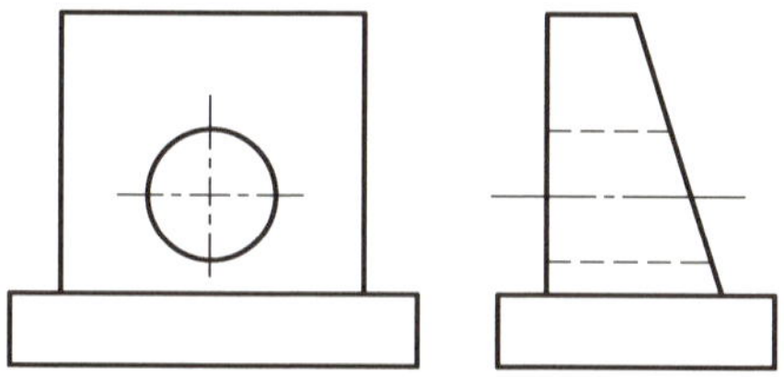

（模型）

(2)

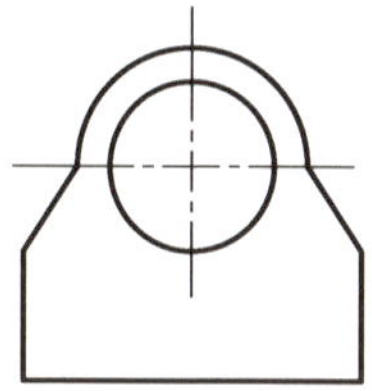

（模型）

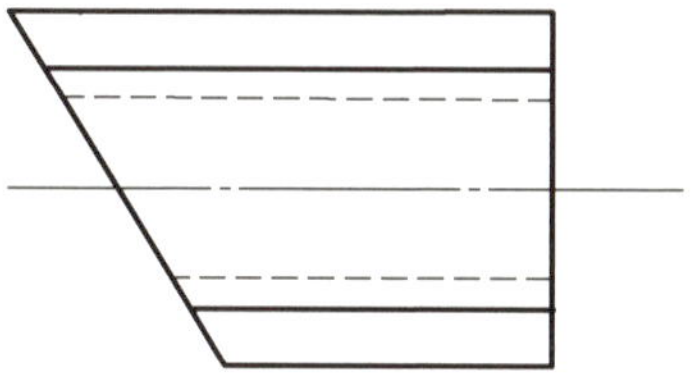

(3)

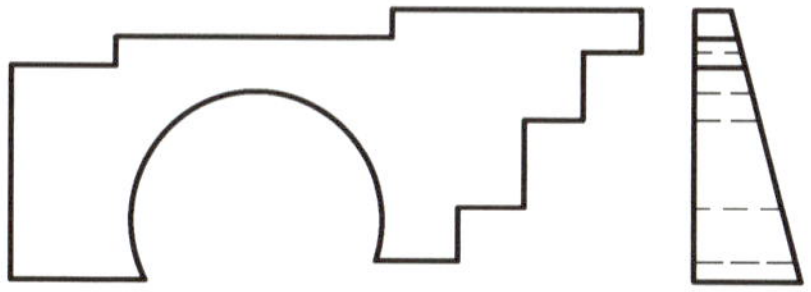

（模型）

(4)

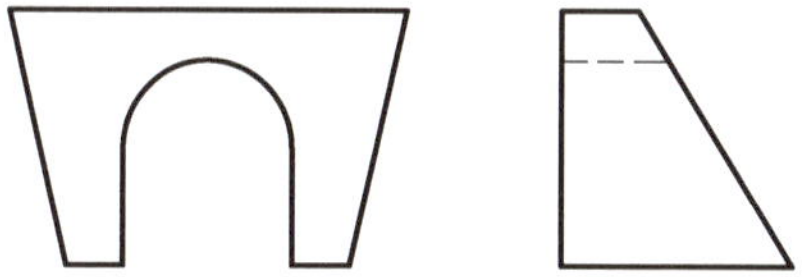

（模型）

*6-3　已知形体的两面投影，完成第三面投影。

(1)

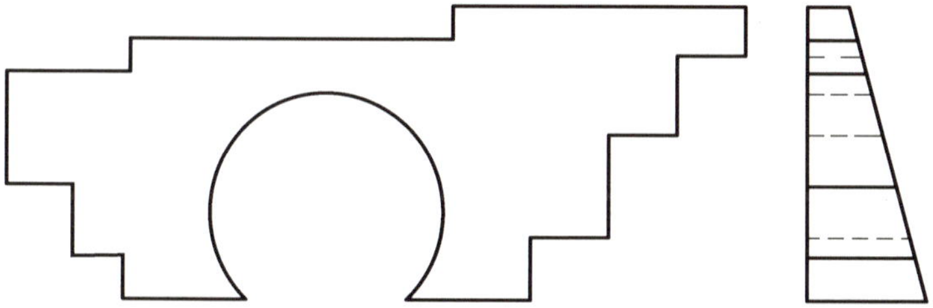

隧道洞门墙

(模型)

(2)

(模型)

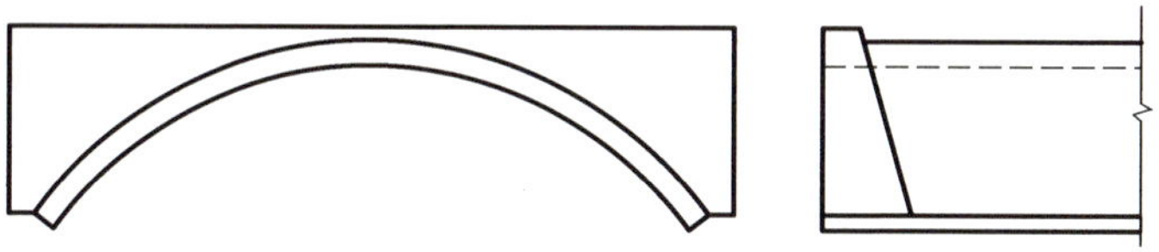

*6-4 求平面与平面立体相交的截交线，并补画第三面投影。

(1)

(模型)

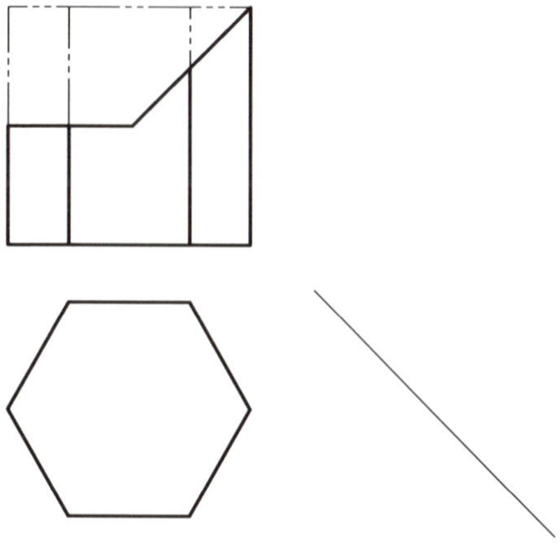

(2)

(模型)

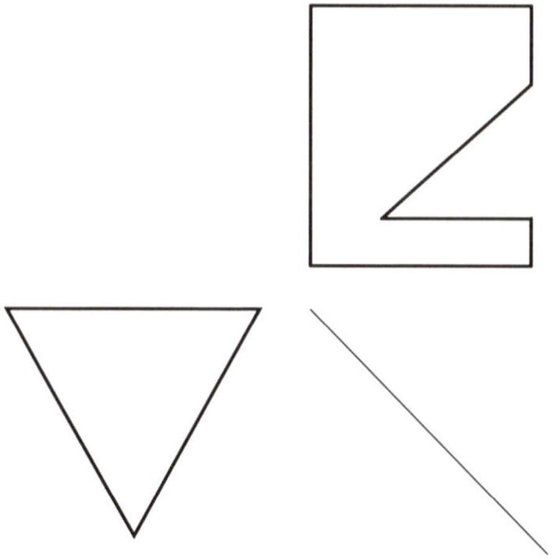

(3)

(模型)

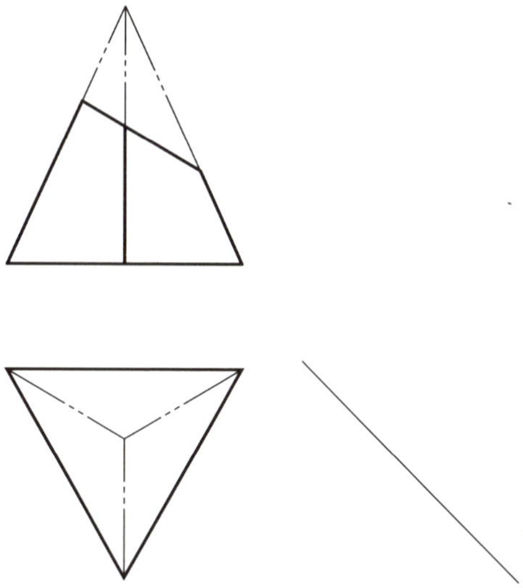

(4)

(模型)

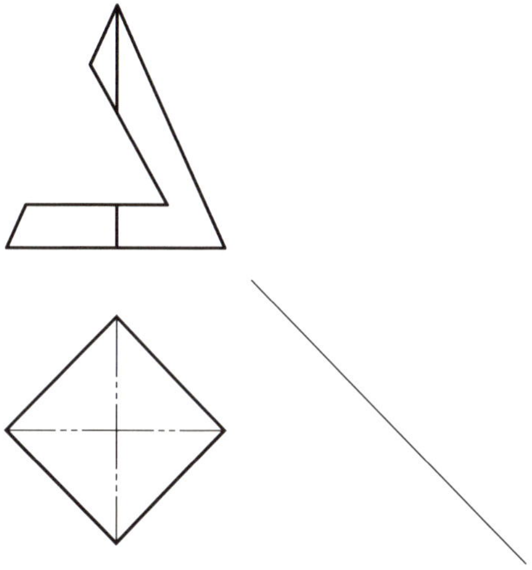

*6-5　求平面与回转体相交的截交线，并补画其第三面投影。

(1)

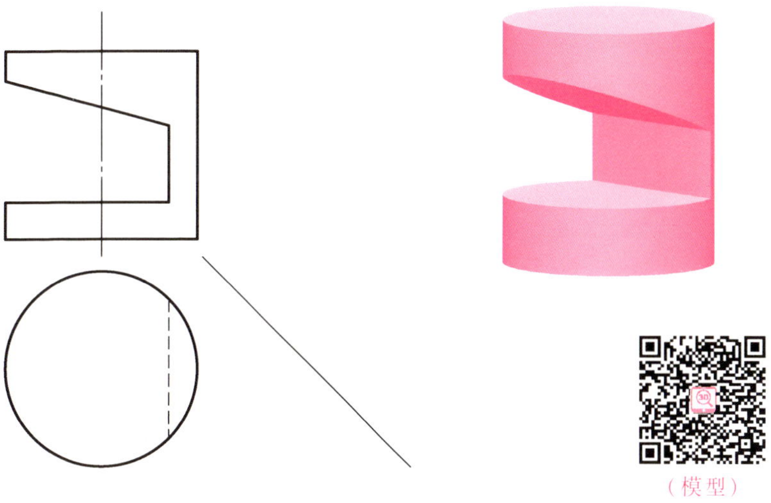

(2)

(3)

(4)

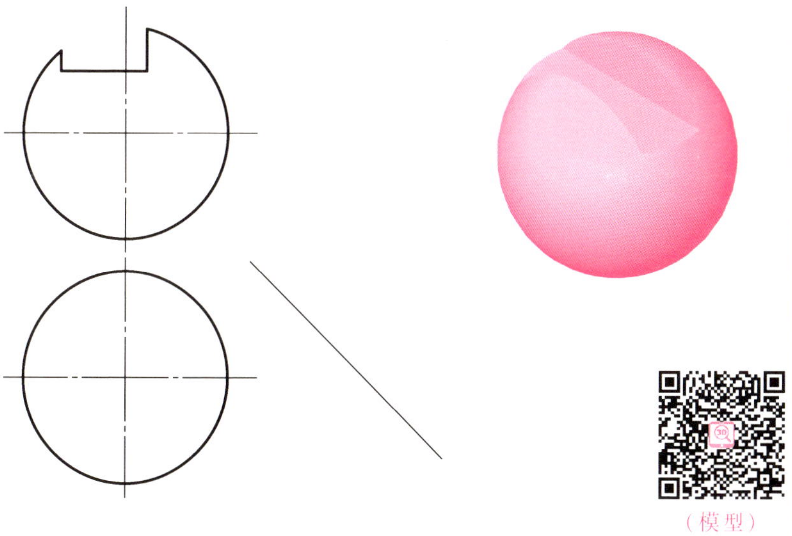

项目八　绘制与识读道路工程中组合体投影

8-1　完成下列组合体的三面投影图（尺寸在立体图上沿轴向量取）。		
（1）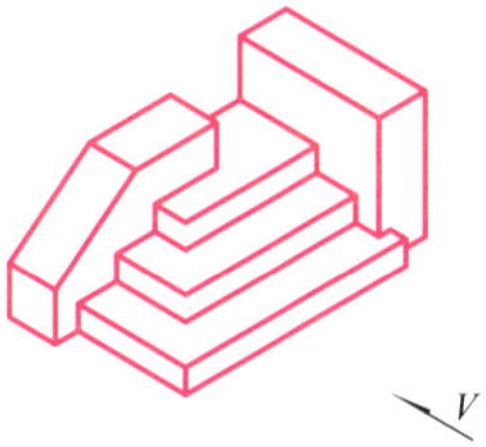	（2）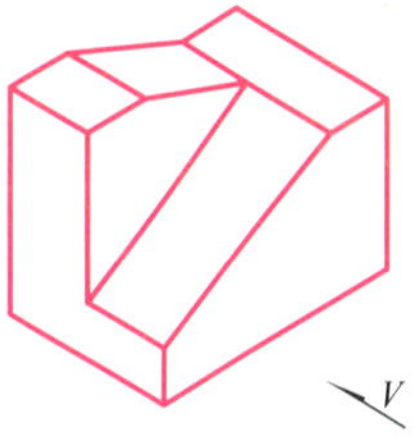	（3）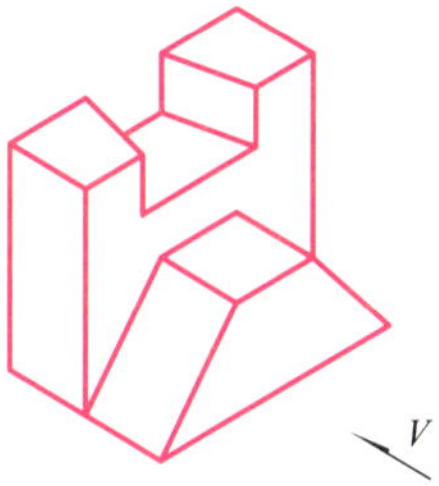
（4）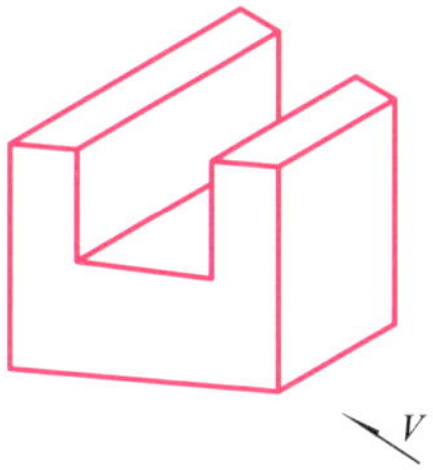	（5）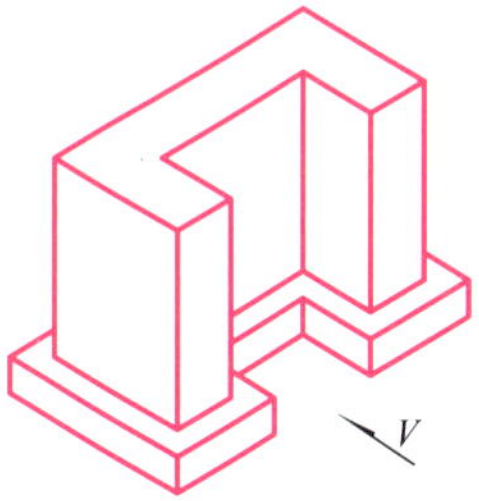	（6）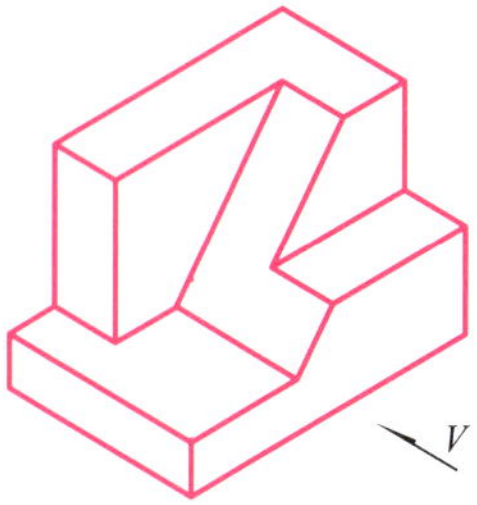

8-2 已知形体的两面投影，请补画其第三面投影。

(1)

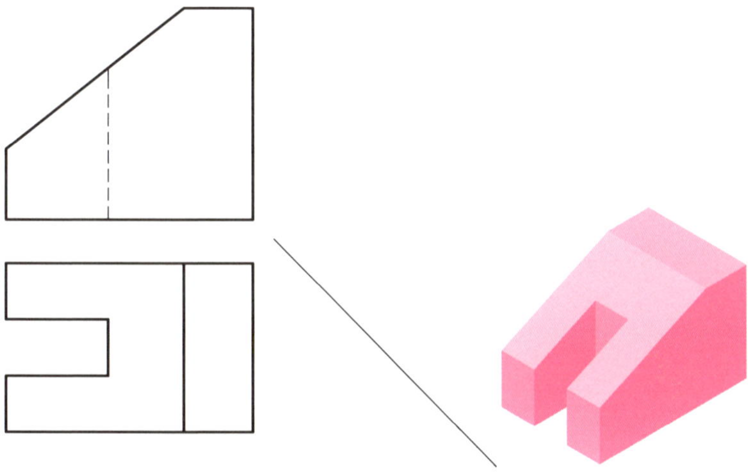

(2)

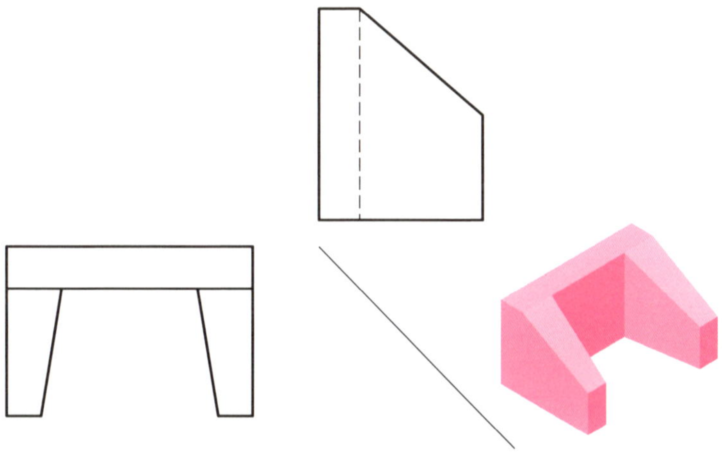

(3)

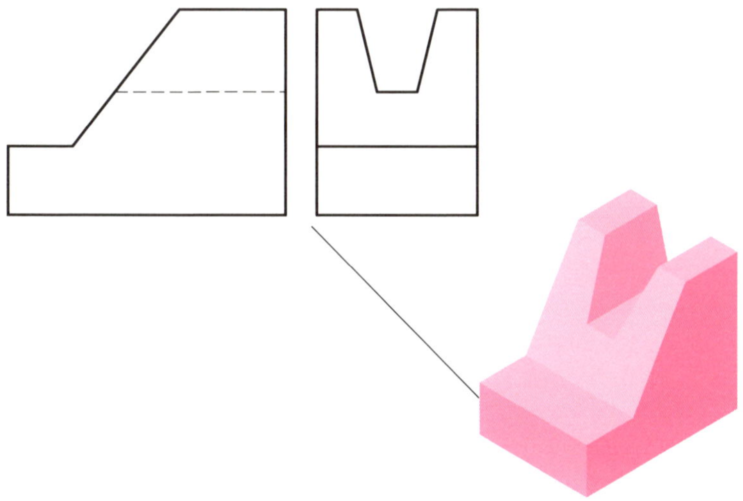

(4)

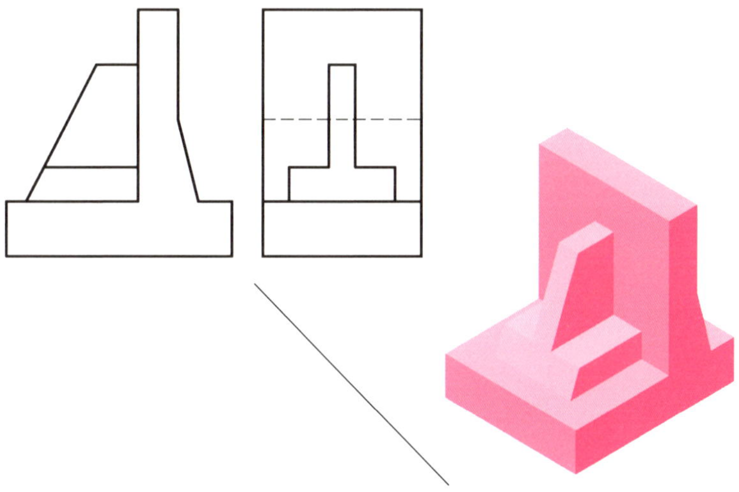

8-3 已知形体的两面投影，请补画其第三面投影。

（1）

（2）

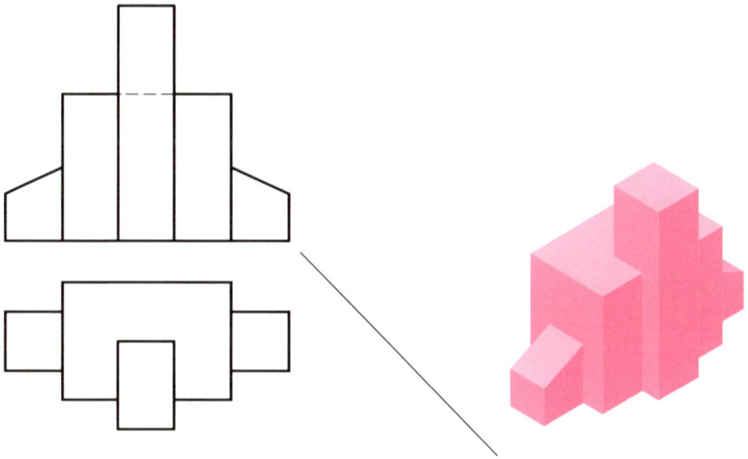

（3）

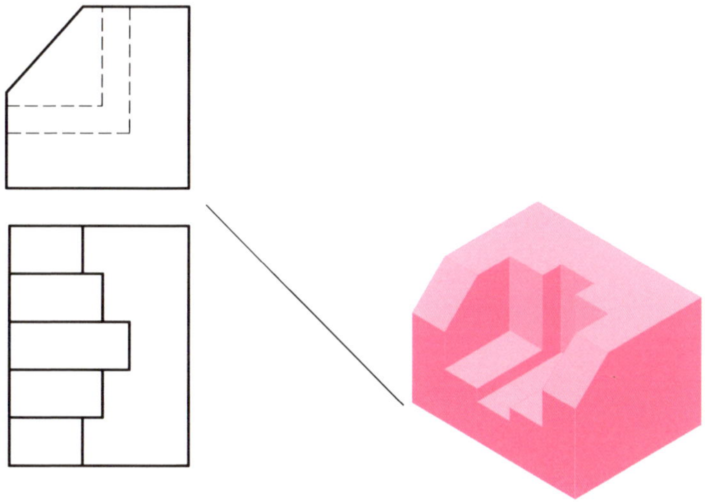

（4）

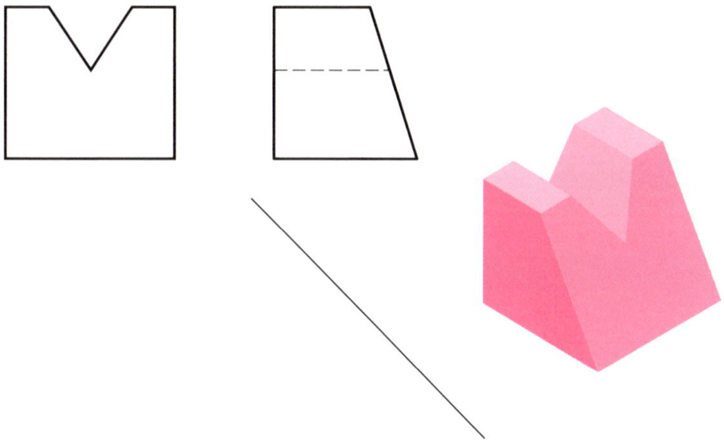

8-4　已知形体的两面投影，请补画其第三面投影。

（1）

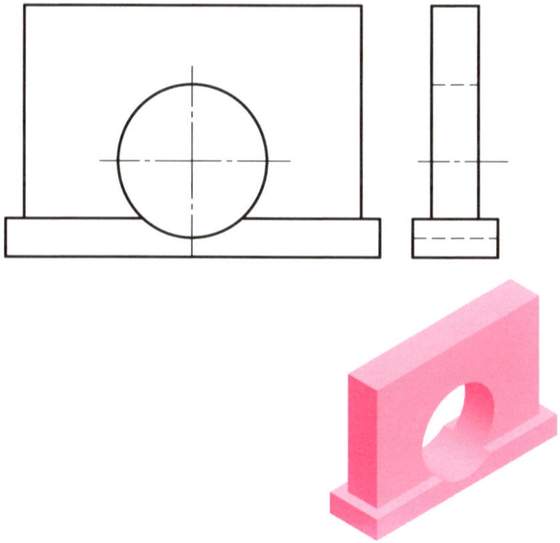

（2）

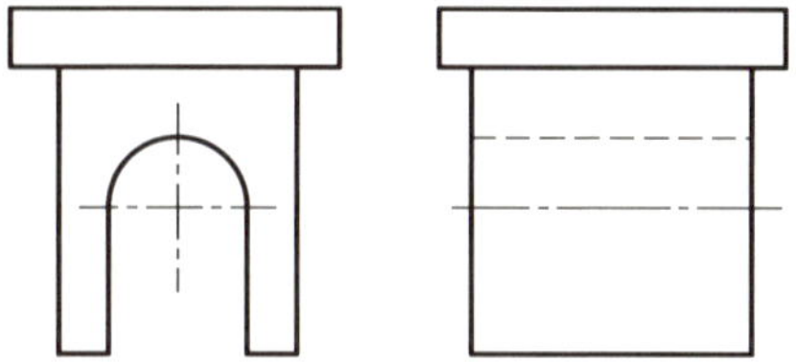

（3）

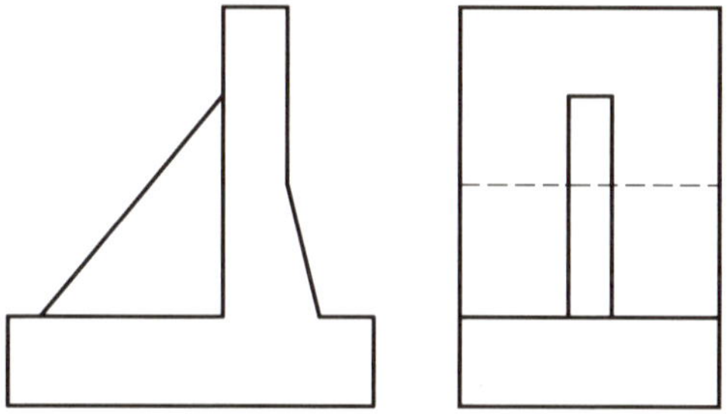

（4）

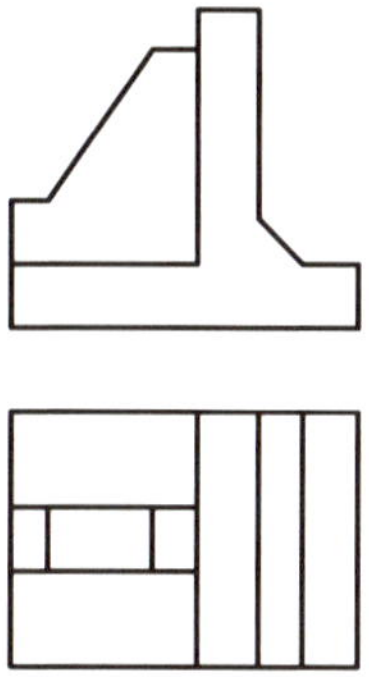

（5）

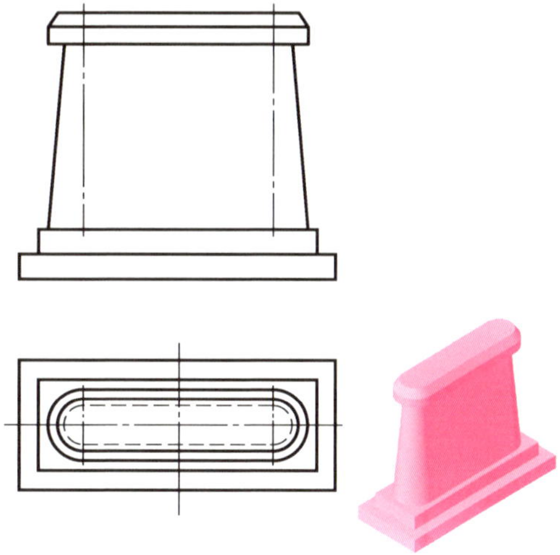

（6）

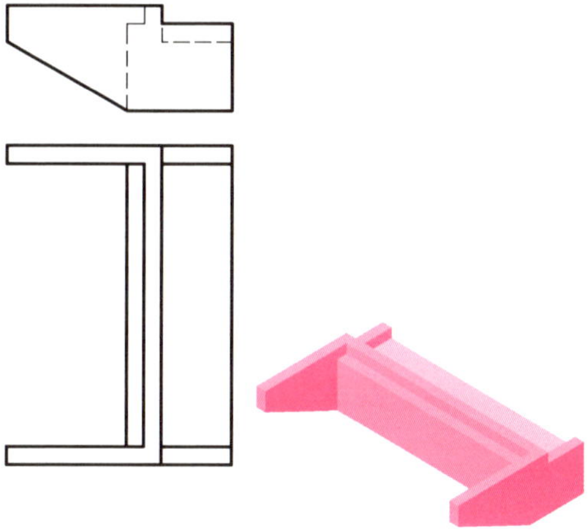

8-5　已知形体的两面投影，请补画其第三面投影。

(1)

(模型)

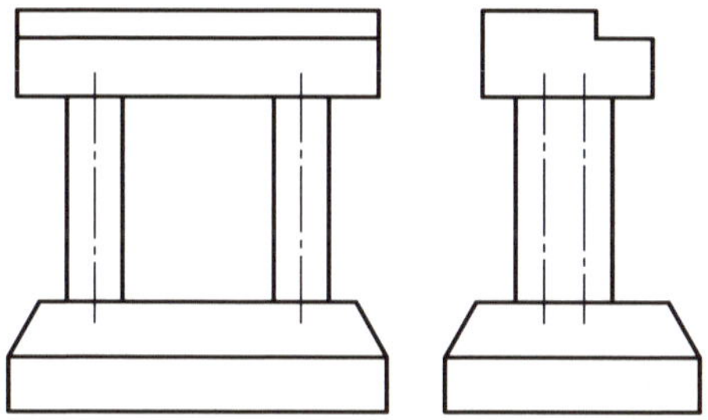

(2)

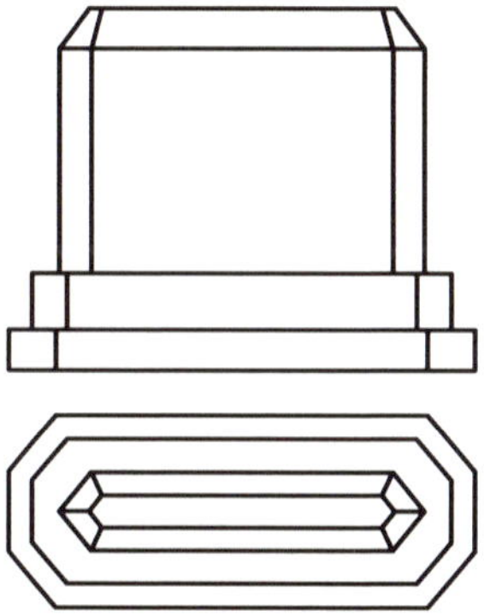

(模型)

(3)

(模型)

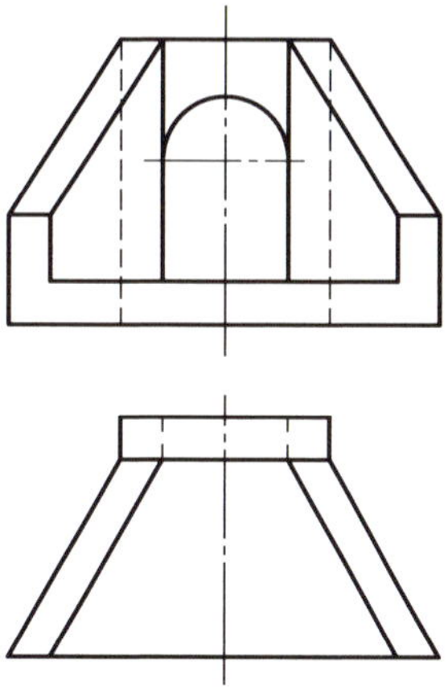

(4)

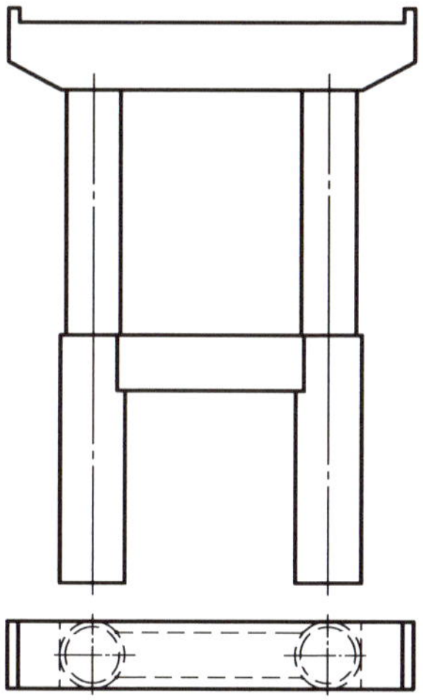

(模型)

＊8-6　已知形体的两面投影，请补画其第三面投影。

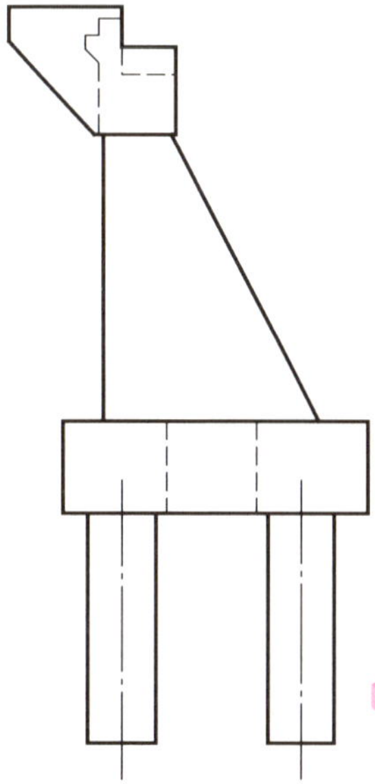

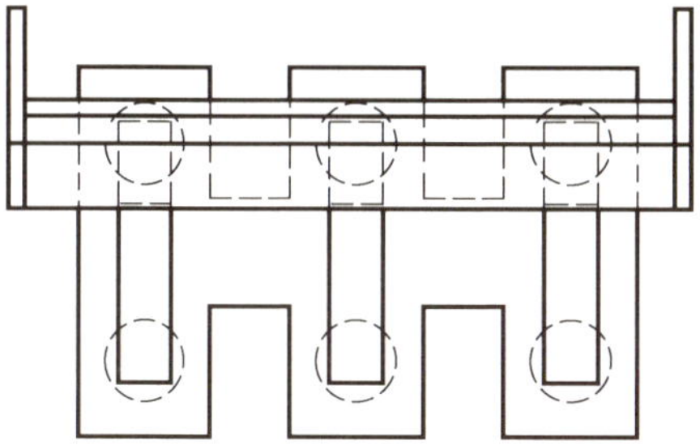

（模型）

项目九　绘制与识读桥涵构件的构造图

9-1　视图练习。

（1）绘制形体的俯视图、仰视图、后视图和右视图。

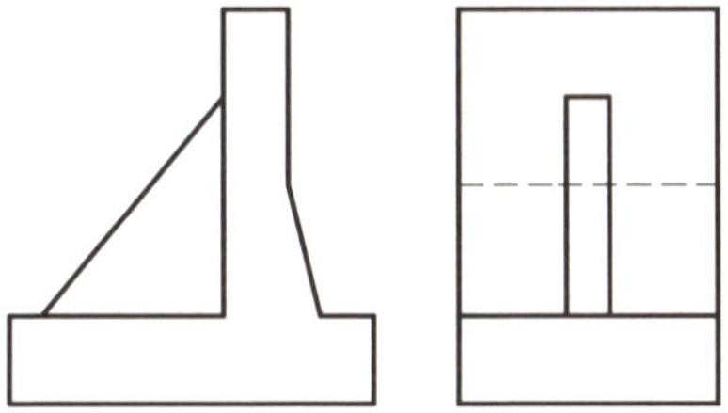

（2）已知两面投影，绘制 A 向斜视图及 B 向局部视图。

（模型）

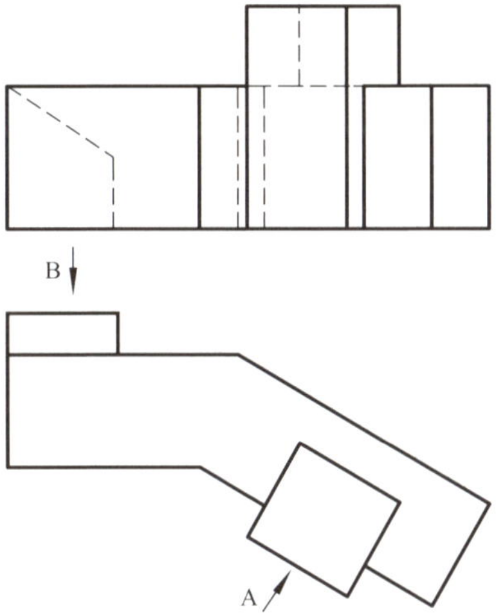

B向

A向旋转

9-2 剖面图练习。

（1）将立面图画成全剖面图。

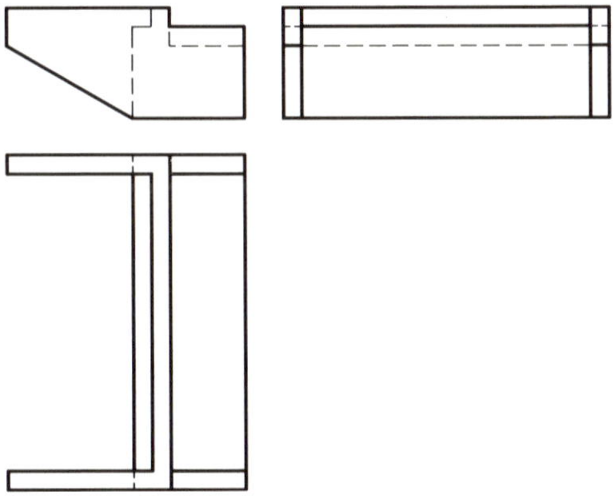

（模型）

（2）将栏杆柱的侧面图绘制成 *A—A* 半剖面图，水平投影画成 *B—B* 剖面图。

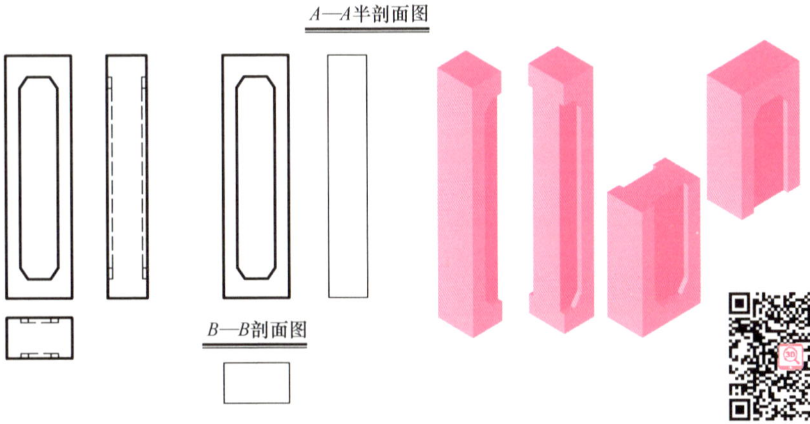

（模型）

（3）将侧面图画成全剖面图，剖切平面通过对称中线。

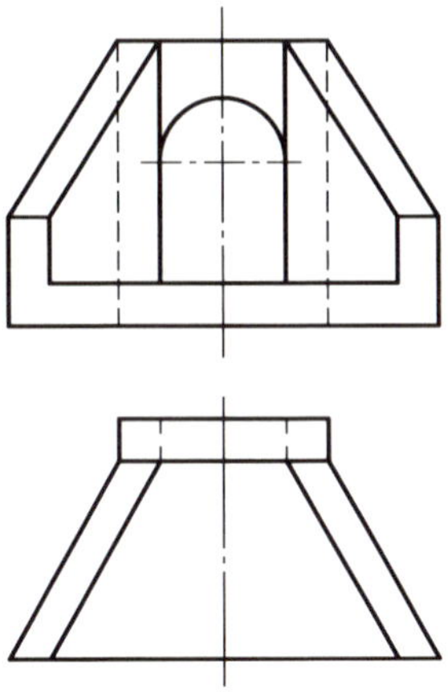

（模型）

（4）将立面图绘成半面图，剖切平面通过对称中心线。

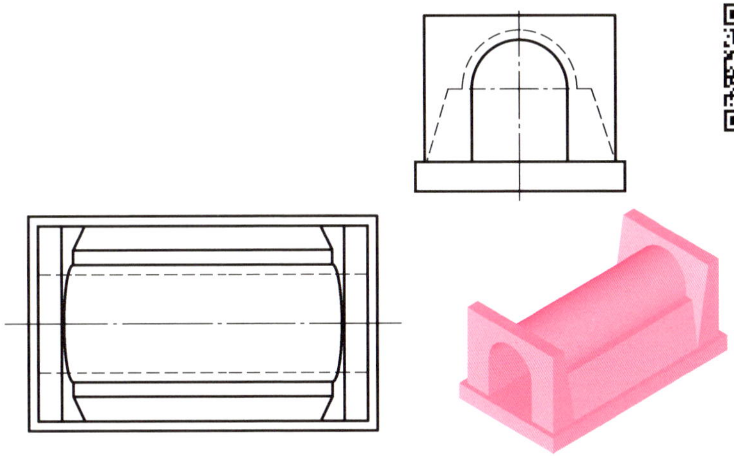

（模型）

9-3 剖面图练习。

(1) 作 *A*—*A* 阶梯剖面图。

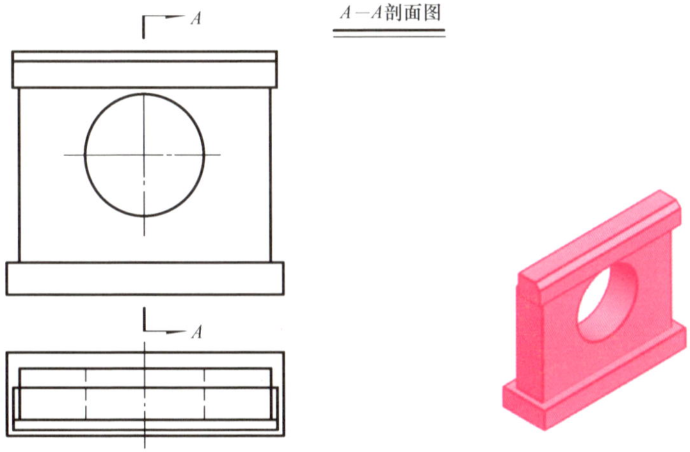

(2) 作 *A*—*A* 阶梯剖面图。

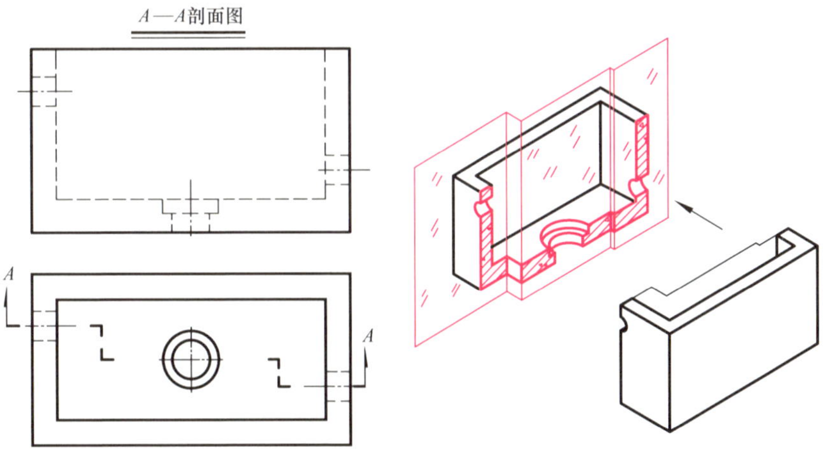

(3) 作 *A*—*A* 半剖面图和 *B*—*B* 半剖面图。

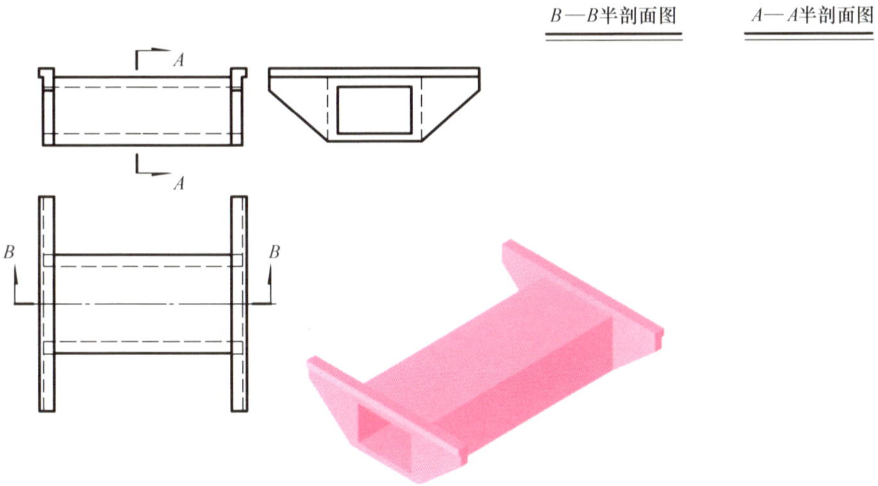

*(4) 作 *A*—*A* 旋转剖面图。

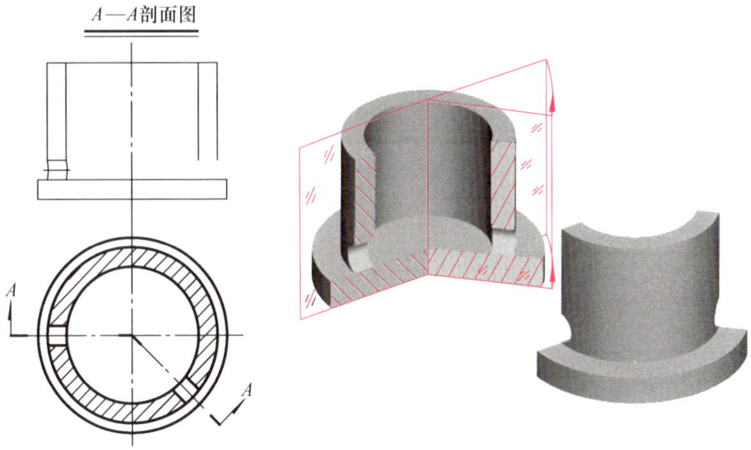

9-4　断面图练习。

（1）画指定位置的断面图。

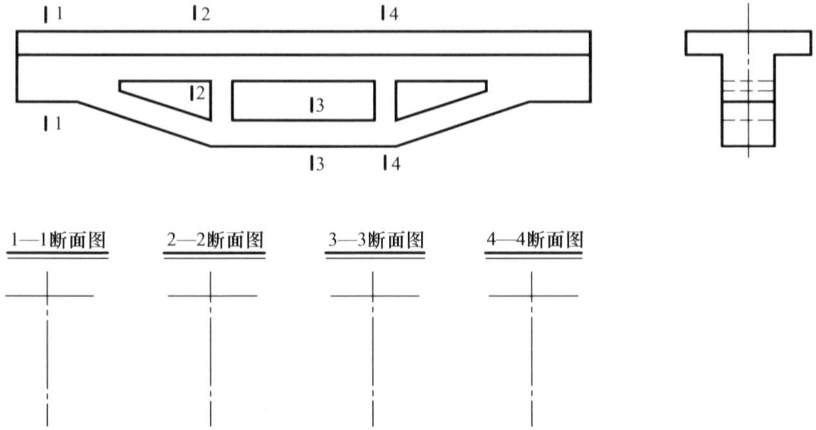

（2）画指定位置的断面图。

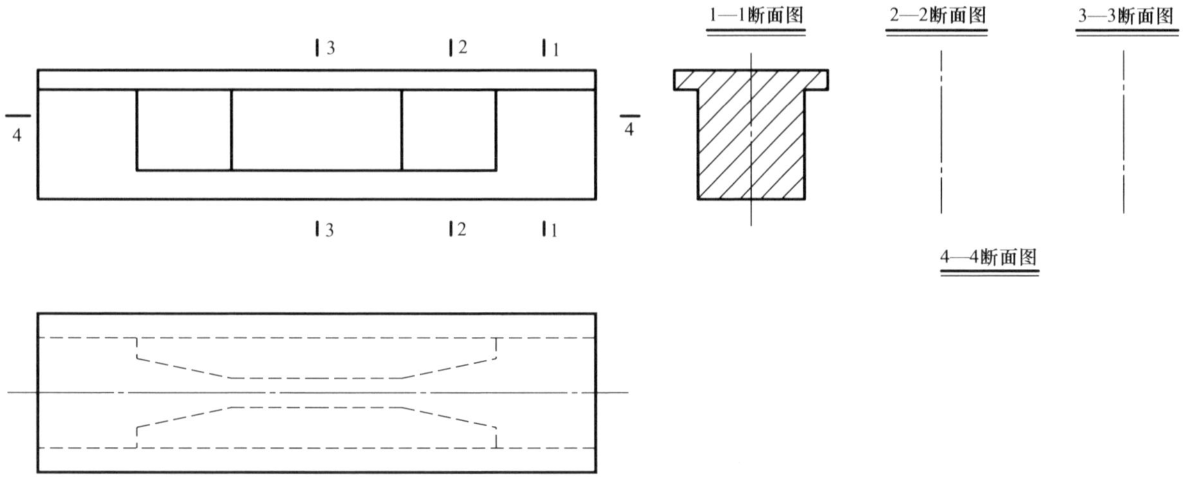

＊9-5　综合应用视图、剖面图、断面图规定画法等知识，合理表达图示形体。

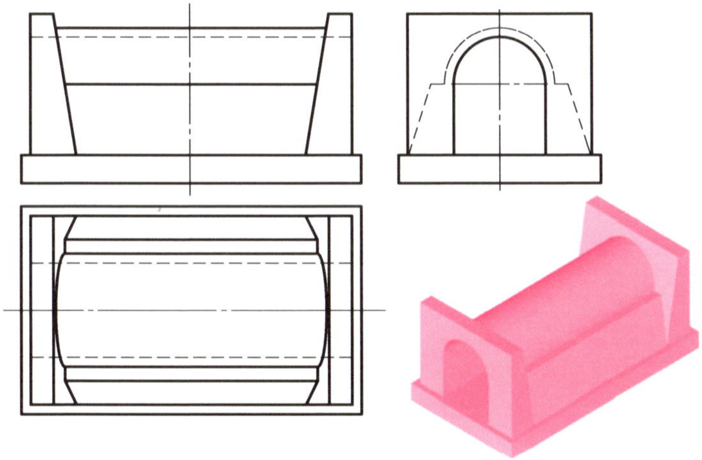

＊9-6　综合应用视图、剖面图、断面图及规定画法等知识，设计更合适的表达方案，绘制桥台构造图（台帽为钢筋混凝土，台身为混凝土，基础为浆砌片石）。

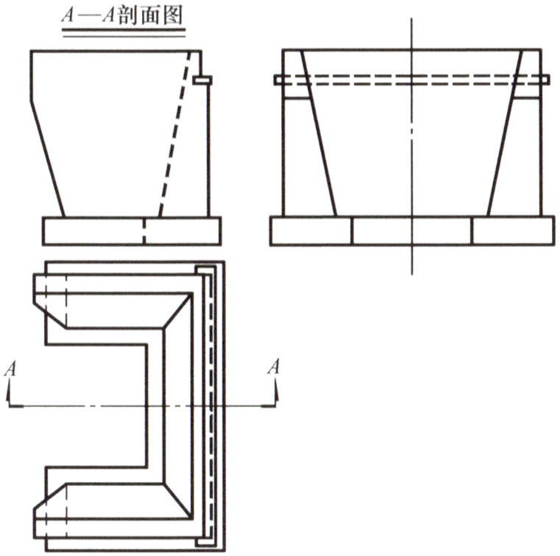

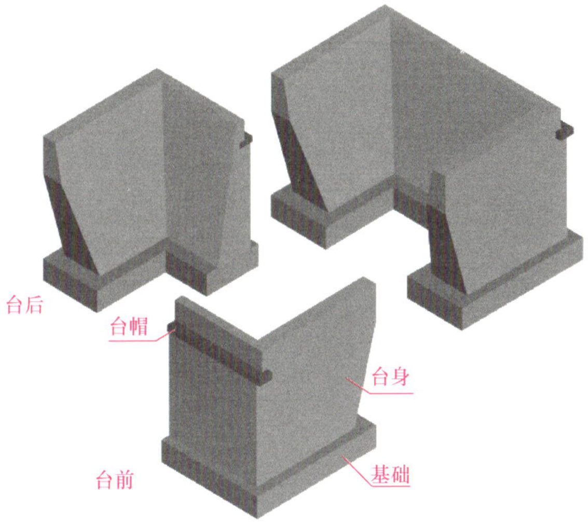

项目十　识读公路路线工程图

10-1（一）　识读某路线平面图（图 10-1），并回答以下问题。

（1）道路路线平面图上表示方位的坐标网 X 坐标值增加的方向指向（　　）方向，Y 坐标值增加的方向指向（　　）方向。设计线左侧原有公路朔峙线的走向是由（　　）到（　　）方向。设计线的大致走向是由（　　）到（　　）方向。

（2）该地区北部，路线（　　）侧（左、右）地势较低。

（3）该地区西南部（设计线左侧）的植被是（　　）。在设计线右侧该地区的主要植被是（　　）。名为马营堡的村庄位于设计线的（　　）侧。与设计线相交的大车道的走向为（　　）方向。第 24 个卫星定位等级点位于该地区的（　　）部，其高程为（　　）m。

（4）路线平面图中设计路线用（　　）线表示道路中心线。

（5）公里桩号宜标注在路线前进方向的（　　）侧，在 K13 公里桩的前方注写的“2”表示桩号为（　　），说明该点距道路路线起点为（　　）m。平面图中路线的前进方向是从（　　）向（　　）的，该路段的起点桩号是（　　），终点桩号是（　　）。

（6）该图中设计线在交角点 JD8 处向（　　）转折，转角为（　　），圆曲线半径 R 为（　　）m，ZH、HY、QZ、YH、HZ 的位置的桩号分别为（　　　　）、（　　　　）、（　　　　）、（　　　　）、（　　　　），缓和曲线长度为（　　）m，切线长度为（　　）m，曲线长度为（　　）m。

（7）马营堡 1 号中桥位于设计路线的（　　　　）桩号处，该桥有（　　）跨，跨径为（　　）m。

10-2（一）　识读某路线纵断面图（图 10-2），并回答以下问题。

（1）本图的水平比例为（　　），竖向比例为（　　）。

（2）在纵断面图中，公路纵向设计线用（　　）线表示，纵向设计线是由（　　）线和（　　）线组成的；设计中心线处的原地面线用（　　）表示。设计线上各点的高程通常是指二级以下公路（　　）的设计高程，或一级公路及高速公路（　　）的设计高程。

（3）在设计线的（　　）处设置竖曲线。竖曲线分（　　）形和（　　）形两种，在图中分别用（　　）和（　　）的符号表示。K12+500～K12+680. 772 路段纵向设计线的线形（纵面线形）是（　　）线。

（4）该路段沿线有（　　）、（　　）、（　　）构造物。马营堡 1 号中桥是（　　）类型的桥，该桥中心桩号为（　　），该桥共（　　）跨，每跨跨径为（　　）m。

（5）该路段的地质是（　　），K12+840 处的设计高程、地面高程分别为（　　）m、（　　）m。此处填挖高度为（　　）m，设计高程（　　）于地面高程。

（6）该路段设计线纵向坡度为（　　）%，马营堡 1 号桥桥面纵向坡度为（　　）%。

（7）K12+500～K12+680. 772 段的平面线形为（　　）。K12+680. 772～K12+830. 772 段的平面线形为（　　）。K12+830. 772～K13+200 段的平面线形为（　　）。

（8）K12+500～K12+680. 772 路段路基横坡为（　　）。K12+830. 772～K13+200 的段路路基横坡为（　　），该段道路的超高值为（　　）m，（　　）侧（左、右）路基边缘高程较高。该道路为一级公路，该道路路基边缘到中央分隔带宽度为 11m。

10-1（二） 某路线平面图。

K12+500～K13+200

曲线元素表

交点号	交点坐标		交点桩号	转角值	曲线要素值/m						曲线要素值/m				
	X	Y			半径	缓和曲线长度	切线长度	曲线长度	外距	校正值	直缓(ZH)	缓圆(HY)	曲中(QZ)	圆缓(YH)	缓直(HZ)
JD8	4361051.407	618095.450	K13+232.54	88°47′54.8″(Y)	485	150	551.767	901.670	196.517	201.867	K12+680.77	K12+830.77	K13+131.61	K13+432.44	K13+582.44

图 10-1

路线平面图

10-3（一） 识读某路基横断面图（图 10-3），并回答以下问题。

（1）在路基横断面图上，路面线、边坡线、边沟线均采用（　　）线绘制，表示路面结构层厚度的线采用（　　）线绘制。道路中线采用（　　）线绘制，原地面线采用（　　）线绘制。

（2）该道路半幅路面宽度为（　　）m，K12+900 桩号处路基填高（或挖高）为（　　）m，是（　　）方路基。

（3）K12+520 桩号处路基的填挖面积为（　　）m^2，是（　　）方路基。

（4）从 K12+840～K13+091 段的路基的倾斜方向可以看出平曲线的转向是（　　）（右或者左转）。

（5）填土面积（　　）（是或者否）包含路面结构层部分，挖土面积（　　）（是或者否）包含路面结构层部分。

（6）K12+520、K12+584、K12+650 处的路基的形式分别是（　　）路基、（　　）路基、（　　）路基，其填方或挖方面积分别为（　　）m^2、（　　）m^2、（　　）m^2，并用彩色笔描绘出填方或挖方面积。

10-3（二） 某路基横断面图。

K12+500～K13+200

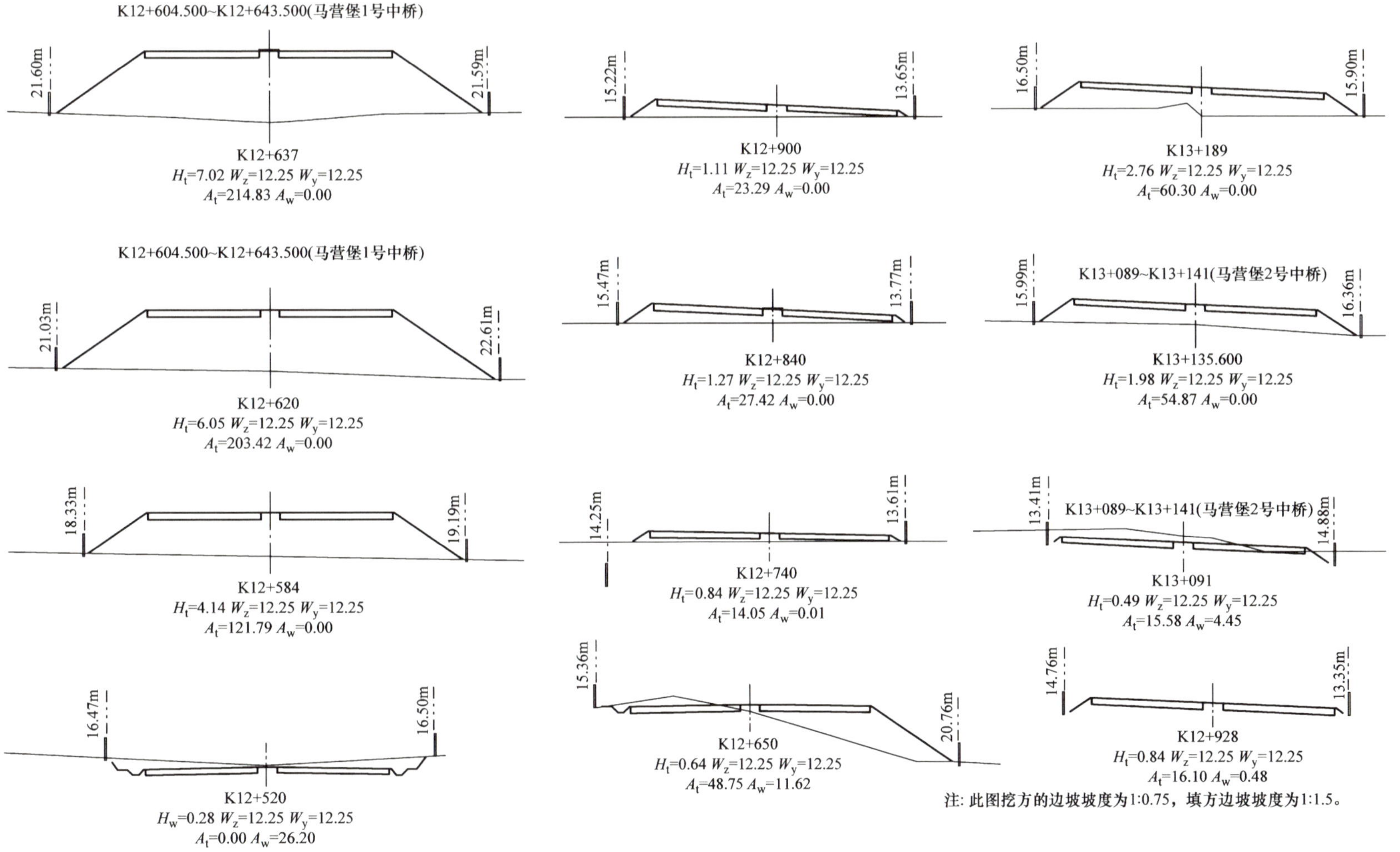

图 10-3

路基横断面图

项目十一　识读城市道路工程图

11-1（一）　识读某城市道路标准横断面施工图（图 11-1），并回答以下问题。

（1）该道路的断面布置形式为（　　）路面，机动车道是双向（　　）车道。

（2）道路中线的路面设计标高为（　　）m，机动车道边缘与道路中线处的高差为（　　）m，机动车道的坡度为（　　）。分隔带边缘的标高为（　　）m。

（3）在该城市道路横断面施工图中两侧机动车道宽度、绿化带（花池隔离带）、非机动车道、人行道的宽度分别为（　　）m、（　　）m、（　　）m、（　　）m。

（4）在距道路中线 10m 处，路面的标高应该是（　　）m。

（5）图中机动车行道路面结构的面层有（　　）、（　　）和（　　），厚度分别为（　　）cm、（　　）cm、（　　）cm；下封层的厚度为（　　）cm，基层为（　　），厚度为（　　）cm；底基层为（　　），厚度为（　　）cm。

（6）图中非机动车行道路面结构的面层有（　　）和（　　），厚度分别为（　　）cm、（　　）cm；基层为（　　），厚度为（　　）cm；底基层为（　　），厚度为（　　）cm。

（7）图中人行道路面结构由上到下分别是（　　）、（　　）、（　　）、（　　）。

（8）图中Ⅰ型花岗岩平石的尺寸为（　　）cm×（　　）cm×（　　）cm，分别安装在（　　）边缘、（　　）边缘、（　　）边缘；Ⅱ型花岗岩平石的尺寸为（　　）cm×（　　）cm×（　　）cm，安装在（　　）边缘；花岗岩侧石的尺寸为（　　）cm×（　　）cm×（　　）cm，安装在（　　）边缘。

11-1（二） 某城市道路横断面施工图。

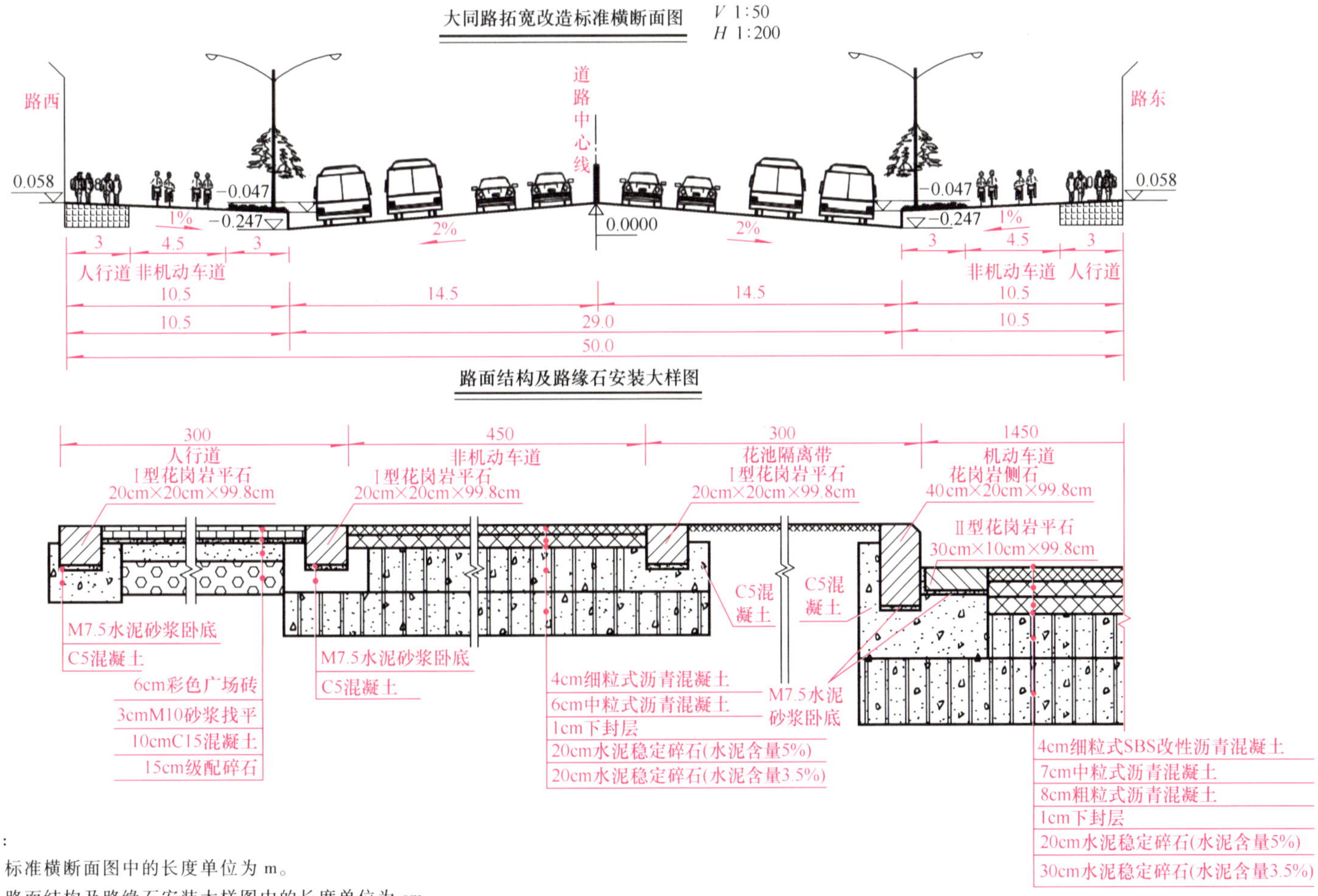

注：

1. 标准横断面图中的长度单位为 m。
2. 路面结构及路缘石安装大样图中的长度单位为 cm。

图 11-1

城市道路横断面施工图

11-2（一） 参照立体示意图（图 11-2），识读某路段雨水管道施工平面图（图 11-3），并回答以下问题。

（1）在城市道路排水系统施工平面图中，设计管线应采用（　　）表示。

（2）道路的总宽度为（　　）m，行车道宽度为（　　）m，分隔带宽度为（　　）m，人行道宽度为（　　）m。

（3）在 K0+000～K0+040 桩号段，排水管直径为（　　）mm，长为（　　）m，方向由（　　）桩号流向（　　）桩号，坡度为（　　）%。

（4）从 Y1 窨井至 Y7 窨井，有 $\phi300$ 的管道总长为（　　）m，$\phi450$ 的管道长为（　　）m，$\phi600$ 的管道长为（　　）m。

（5）Y4 窨井的桩号为（　　），Y4 窨井处有道路右侧的街坊雨水支管接入，该支管直径为（　　）mm。

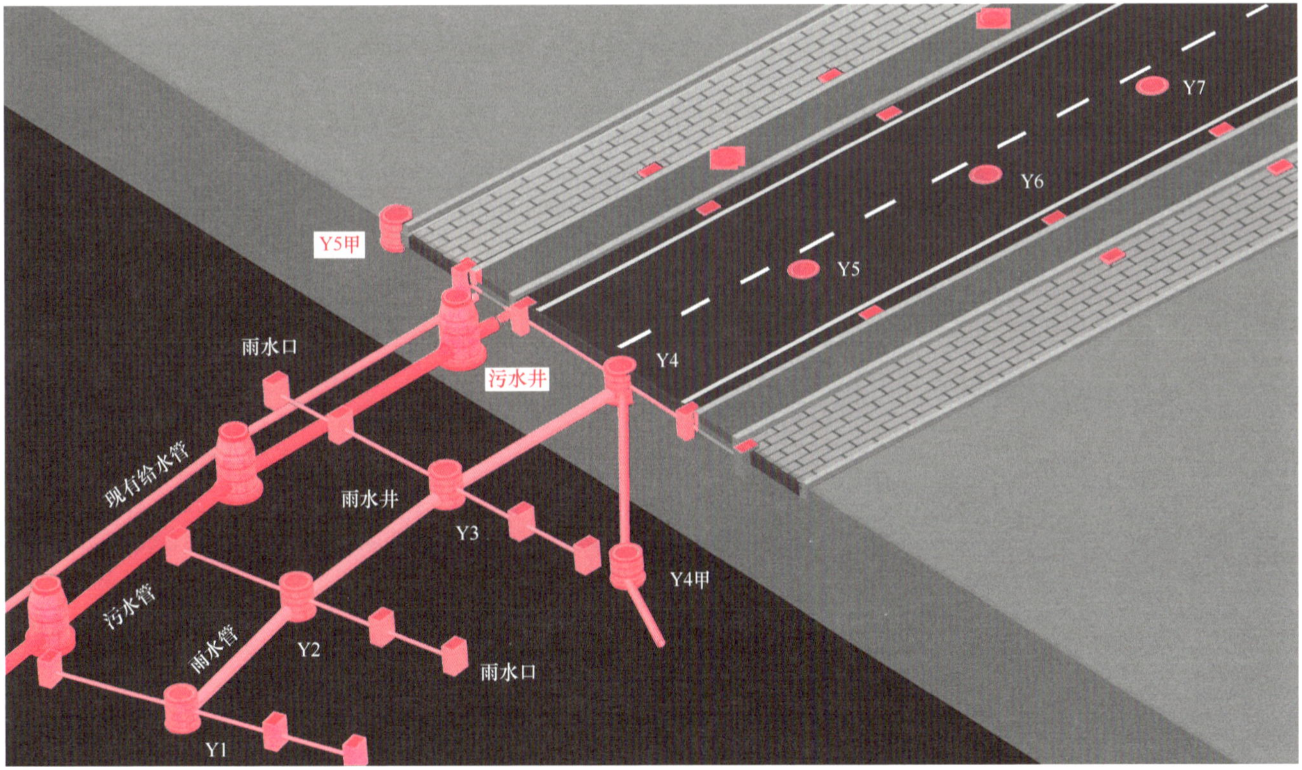

某路段雨水管道立体示意图

图 11-2

（彩图）

11-2（二） 某路段的水管道施工平面图。

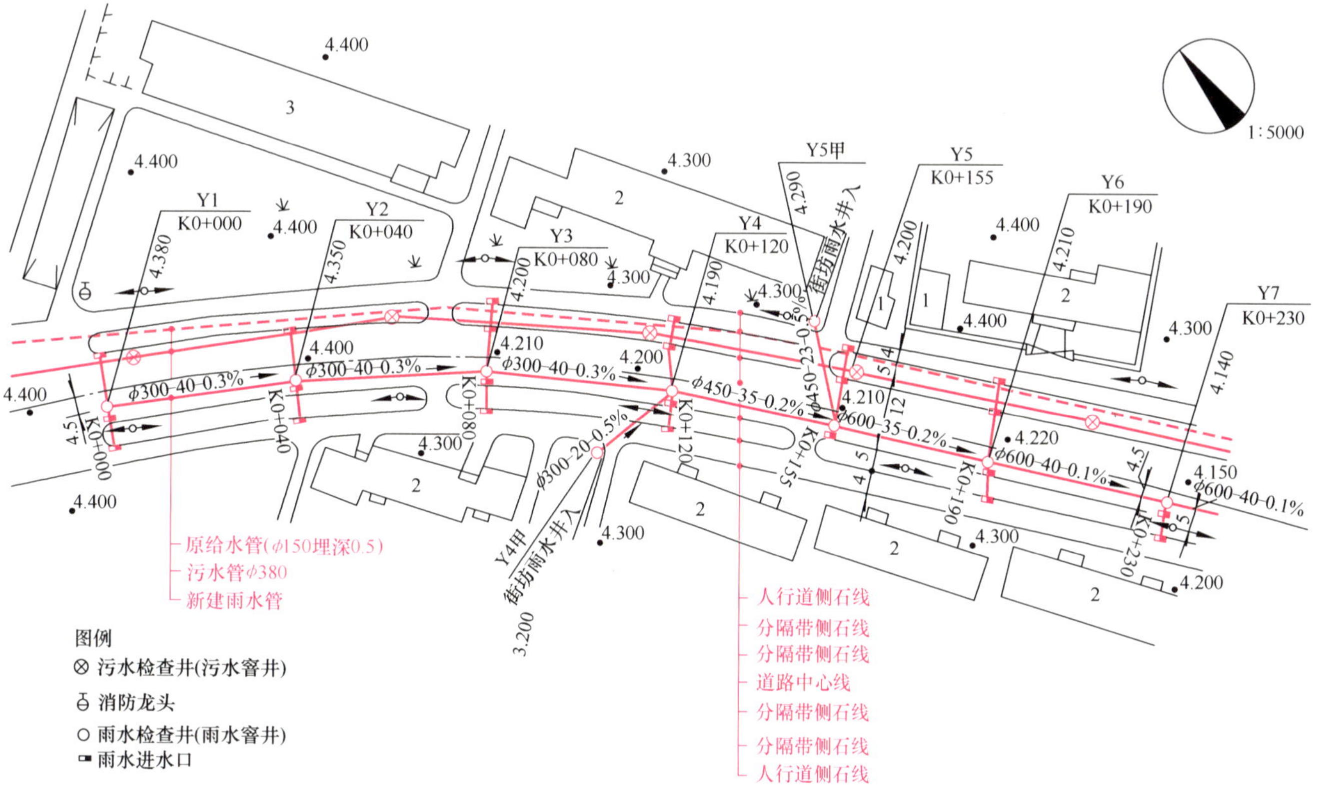

图 11-3

雨水管道
施工平面图

11-3　识读某路段城市道路雨水排水施工纵断面图（图 11-4）(与习题 11-2 所示雨水管道施工平面图配套)，并回答以下问题。

（1）该图中水流方向由（　　）窨井流向（　　）窨井。

（2）Y4、Y5 号窨井间的距离为（　　）m，Y5 号窨井的桩号为（　　）。

（3）Y5 号窨井处路面设计标高为（　　）m，Y5 号窨井左侧管底标高为（　　）m，右侧管底标高为（　　）m。左侧管道埋深为（　　）m，右侧管道埋深为（　　）m。

（4）K0+120～K0+155 的路段，管径为（　　）mm，设计纵波为（　　）%，管段长为（　　）m。

（5）Y4 号窨井处有道路右侧的雨水支管接入，支管直径为（　　）mm，长度为（　　）m，管底标高为（　　）m。

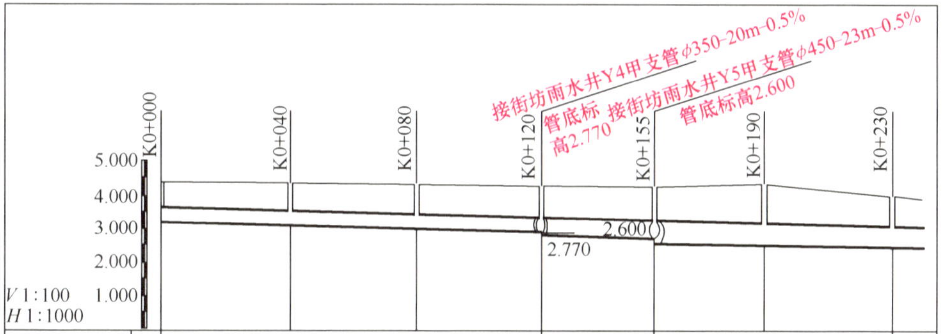

项目	K0+000	K0+040	K0+080	K0+120	K0+155	K0+190	K0+230
管径、坡度及管段长	d=φ300mm　i=0.3%　L=120m			d=φ450mm　i=0.2%　L=35m	d=φ600mm　i=0.1%　L=115m		
路面设计标高/m	4.380	4.250	4.200	4.190	4.200	4.210	4.140
管底标高/m	3.180	3.060	2.940	2.820 2.670	2.600 2.450	2.380	2.340
管道埋深/m	1.200	1.190	1.260	1.370 1.520	1.600 1.750	1.830	1.800
管道间距/m	40	40	40	35	35	40	
桩号	K0+000	K0+040	K0+080	K0+120	K0+155	K0+190	K0+230
窨井编号及转向	Y1	Y2	Y3	Y4	Y5	Y6	Y7

图 11-4

城市道路排水施工纵断面图

项目十二　识读桥梁工程图

12-1（一）　参照立体示意图（图 12-1），识读某钢筋混凝土板梁桥总体布置图（图 12-2），并回答以下问题。

（1）该桥共（　　）跨，每跨跨径为（　　）m，桥梁总长为（　　）m，桥面净宽度为（　　）m。

（2）上部结构由（　　）块空心板组成。桥台为钻孔灌注桩柱式桥台，桥墩为钻孔灌注桩柱式桥墩。侧面图采用了Ⅰ—Ⅰ、Ⅱ—Ⅱ两个断面图。在侧面投影中指出桥墩立柱、桥墩系梁、桥墩桩基础的投影，指出桥台盖梁、挡块、桥台基础的投影。

（3）侧面投影中看到的桥台是（　　）（台前或台后）。

（4）在正面投影中指出耳墙、锥形护坡、桥头搭板的投影。

（5）0 号桥台基础底面、基础顶面的标高分别为（　　）m、（　　）m。

（6）该桥起始桩至桥位终点桩不设纵坡，该桥面的设计标高为（　　）m，桥面横坡为（　　）%。

（7）该桥中心位于第（　　）桩号处，钻孔灌注桩的直径为（　　）cm。

（8）桥墩桩基础高度尺寸为（　　）m。

（模型）　（彩图）

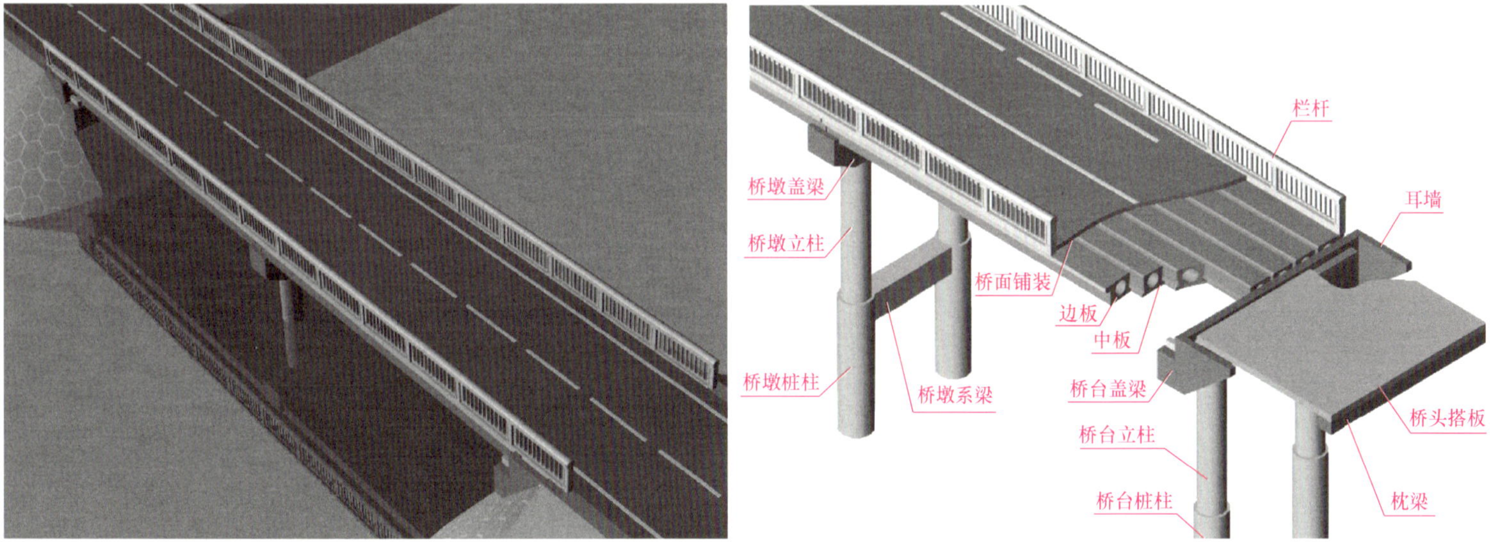

某钢筋混凝土板梁桥立体示意图

图 12-1

12-1（二） 某钢筋混凝土板梁桥总体布置图。

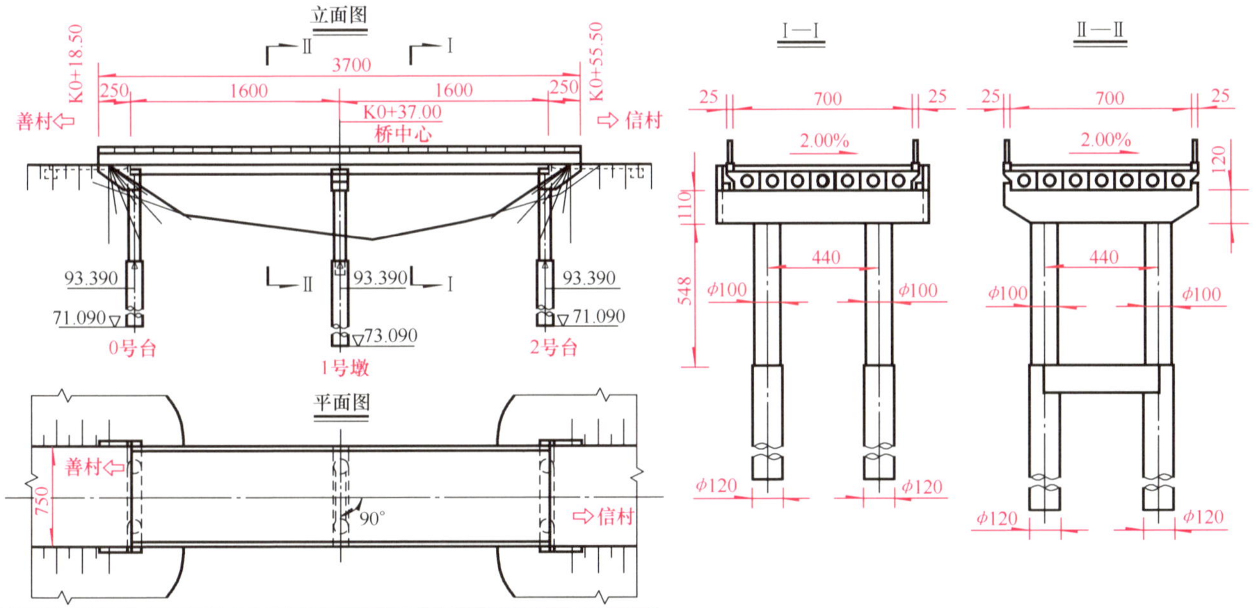

坡度(%)	0						
设计标高/m		100.080		100.080		100.080	
地面标高/m		100.083	96.303	94.390	96.380	99.960	100.070
桩号	K0	+20.00	+25.50	+40.00	+47.50	+54.34	+60.00

注：

1. 本图尺寸除桩号及标高以 m 计外，其余均以 cm 计。
2. 设计标准：设计荷载：公路Ⅱ级。桥面净宽：净 7.00m。
3. 本桥为 2 孔 16m 中桥，结构型式：上部为钢筋混凝土空心板；下部为柱式墩台，钻孔灌注桩基础。
4. 桥两侧各修筑护坡 5m，总长 25m；需 7.5 号浆砌片石 182m^3，砂砾垫层 33.8m^3，挖基土方 75m^3。

图 12-2

12-2（一） 参照立体示意图（图 12-3），识读某钢筋混凝土空心板构造图（图 12-4），并回答以下问题（图为习题 12-1 所示桥梁的钢筋混凝土空心板构造图）。

（1）该钢筋混凝土空心板的跨径为（　　）cm，中板的宽度为（　　）cm，边板的总宽度为（　　）cm。

（2）支座中心线距梁端（　　）cm。

（3）立面图、平面图上，平行于梁长度方向的两条虚线表示（　　　　　　）。

（4）空心板圆孔中心到空心板底面的距离为（　　）cm。

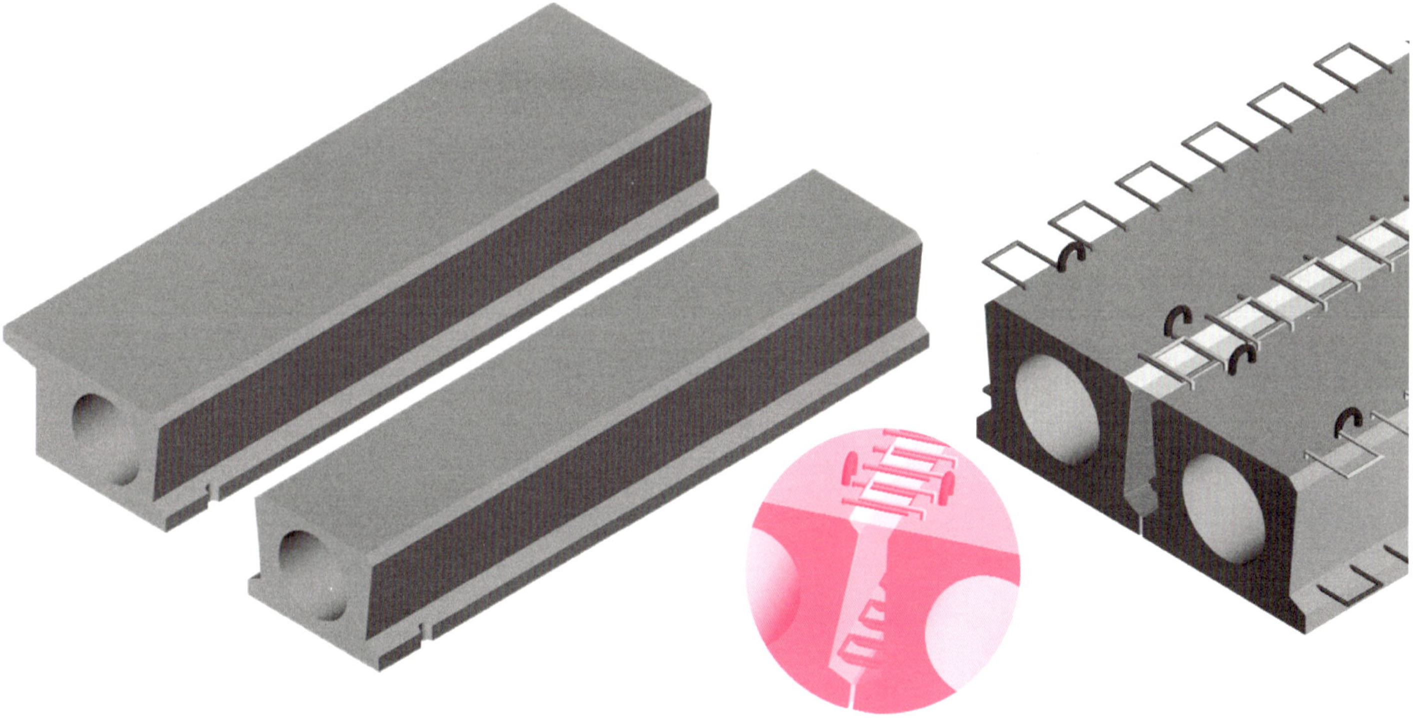

a) 边板　　b) 中板　　c) 铰缝钢筋大样图　　d) 铰缝钢筋处理

某钢筋混凝土空心板立体示意图

图 12-3

（模型）

（彩图）

12-2（二） 某钢筋混凝土空心板构造图。

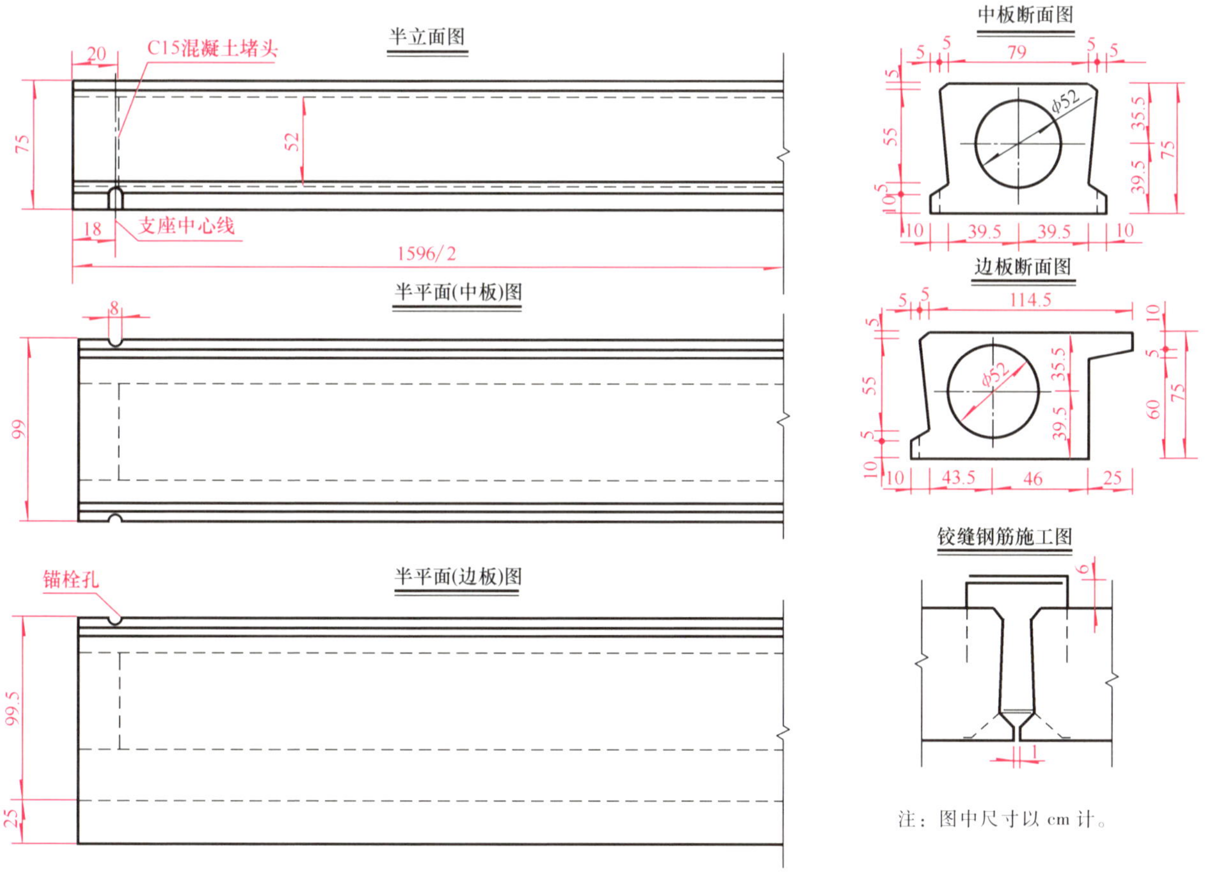

注：图中尺寸以 cm 计。

图 12-4

钢筋混凝土
空心板构造图

12-3（一） 参照立体示意图（图 12-5），识读某钢筋混凝土中板钢筋构造图（图 12-6），并回答以下问题（图为习题 12-1 所示桥梁的钢筋混凝土中板钢筋构造图）。

（1）图中共有（　　）种钢筋，其中 1 号钢筋为受拉钢筋，共（　　）根，分布在板梁的（　　）部，1 号钢筋的中心间距为（　　）cm。

（2）2 号钢筋为吊装钢筋，分布在梁的两端，共（　　）根，2 号钢筋对称中心到空心板端部的距离为（　　）cm，2 号钢筋中心处到空心板底板前、后侧边缘处的距离是（　　）cm。3 号钢筋为架立钢筋，共（　　）根。6 号筋每（　　）cm 设一道，其下端钩在 8 号钢筋上并与之绑扎，全梁共（　　）根。

（3）4、5 号钢筋为横向连接钢筋（预埋铰缝钢筋），每（　　）cm 布置一根，各（　　）根。7、8 号钢筋一起组成箍筋，7、8 号钢筋均为（　　）根。其中 14×10 表示有（　　）个间距，每个间距（　　）cm。

（4）1 号钢筋在底面处的混凝土保护层的厚度为（　　）cm。直径为 25mm 的 RHB335 钢筋的用量为（　　）kg。

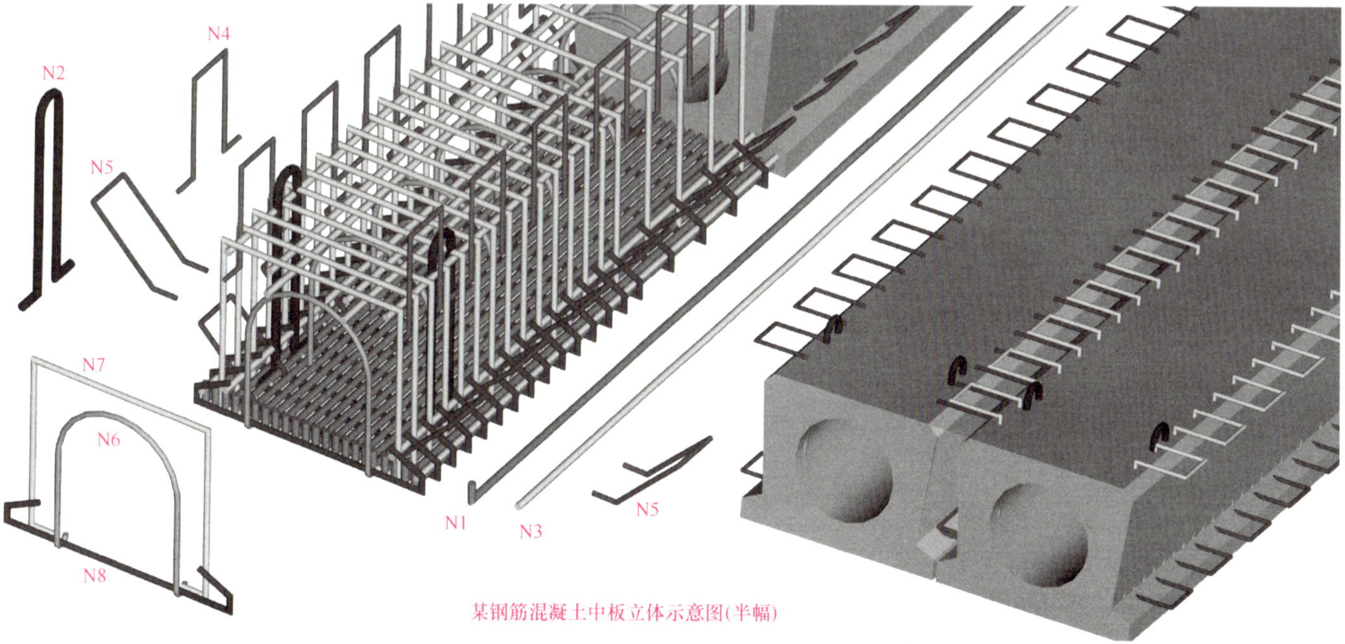

某钢筋混凝土中板立体示意图(半幅)

图 12-5

铰缝处理
（模型）

（模型）

（彩图）

12-3（二） 某钢筋混凝土中板钢筋构造图。

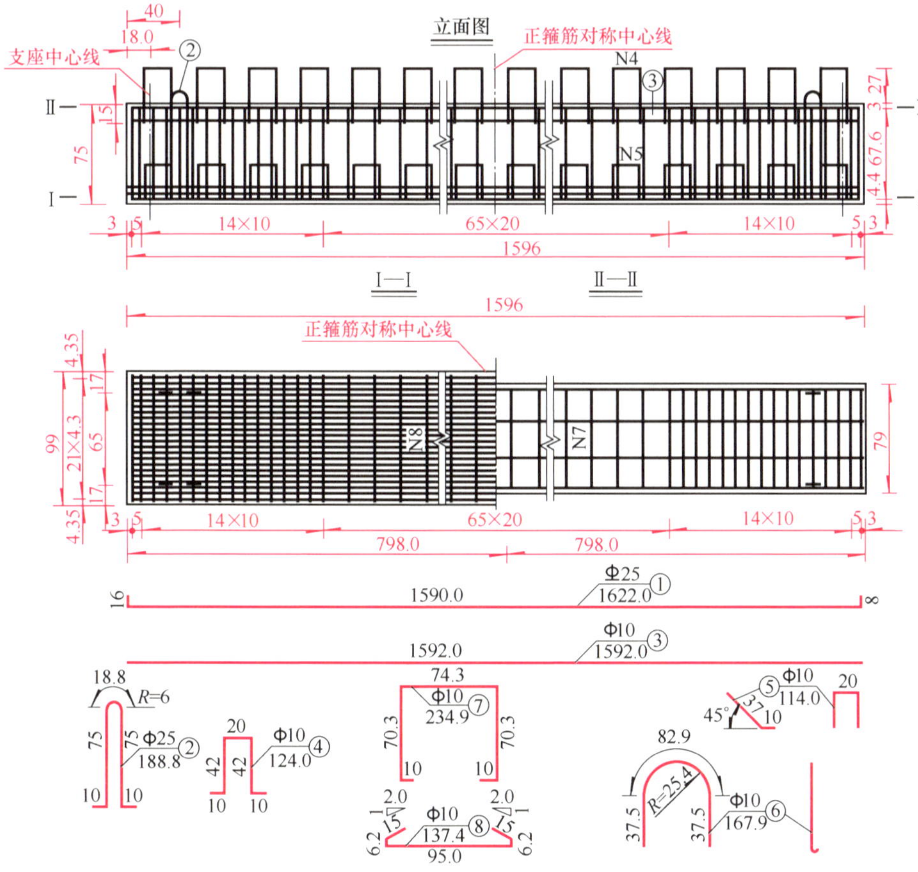

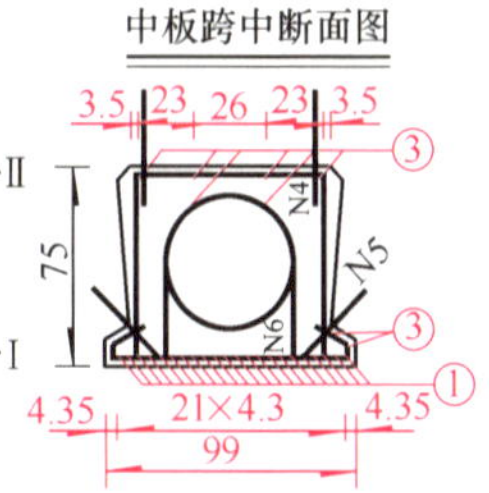

注：

1. 本图尺寸除钢筋直径以 mm 计，其余均以 cm 计。
2. 图中 1 号和 3 号钢筋为直线筋。
3. 20 号封头混凝土工程量每块板 0.085m^3。
4. 5 号钢筋伸出部分预制时紧贴侧模，按装时扳出，
   4 号钢筋伸出部分浇筑铰缝时扳平。
5. 6 号钢每 40cm 设一道，其下端钩在 8 号钢筋上并与之绑扎。

一块边板工程数量表

编号	直径/mm	长度/cm	根数	共重/kg	C40 混凝土/m^3
1	Φ25	1622.0		1373.8	8.56
2	Φ25	188.8		29.1	
3	Φ10	1592.0		616.8	
4		124.0	80		
5		114.0	80		
6		167.9	41		
7		234.9			
8		137.4			

某钢筋混凝土中板钢筋构造图

图 12-6

12-4（一） 参照立体示意图（图 12-7），识读某钢筋混凝土边板钢筋结构图（图 12-8），并回答以下问题（图为习题 12-1 所示桥梁的钢筋混凝土边板钢筋结构图）。

（1）图中 1 号钢筋为受拉钢筋，共（　　）根，分布在板梁的（　　）部，1 号钢筋的中心间距为（　　）cm。

（2）2 号钢筋为吊装钢筋，共（　　）根。3 号钢筋为架立钢筋，共（　　）根。6 号钢筋每（　　）cm 设一道，其下端钩在 8 号钢筋上并与之绑扎。

（3）4、5 号钢筋为横向连接钢筋（预埋铰缝钢筋），每（　　）cm 分布一根，4 号钢筋共（　　）根。7、8 号钢筋一起组成箍筋，7、8 号钢筋均为（　　）根。其中 65×20 表示有（　　）个间距，每个间距（　　）cm。

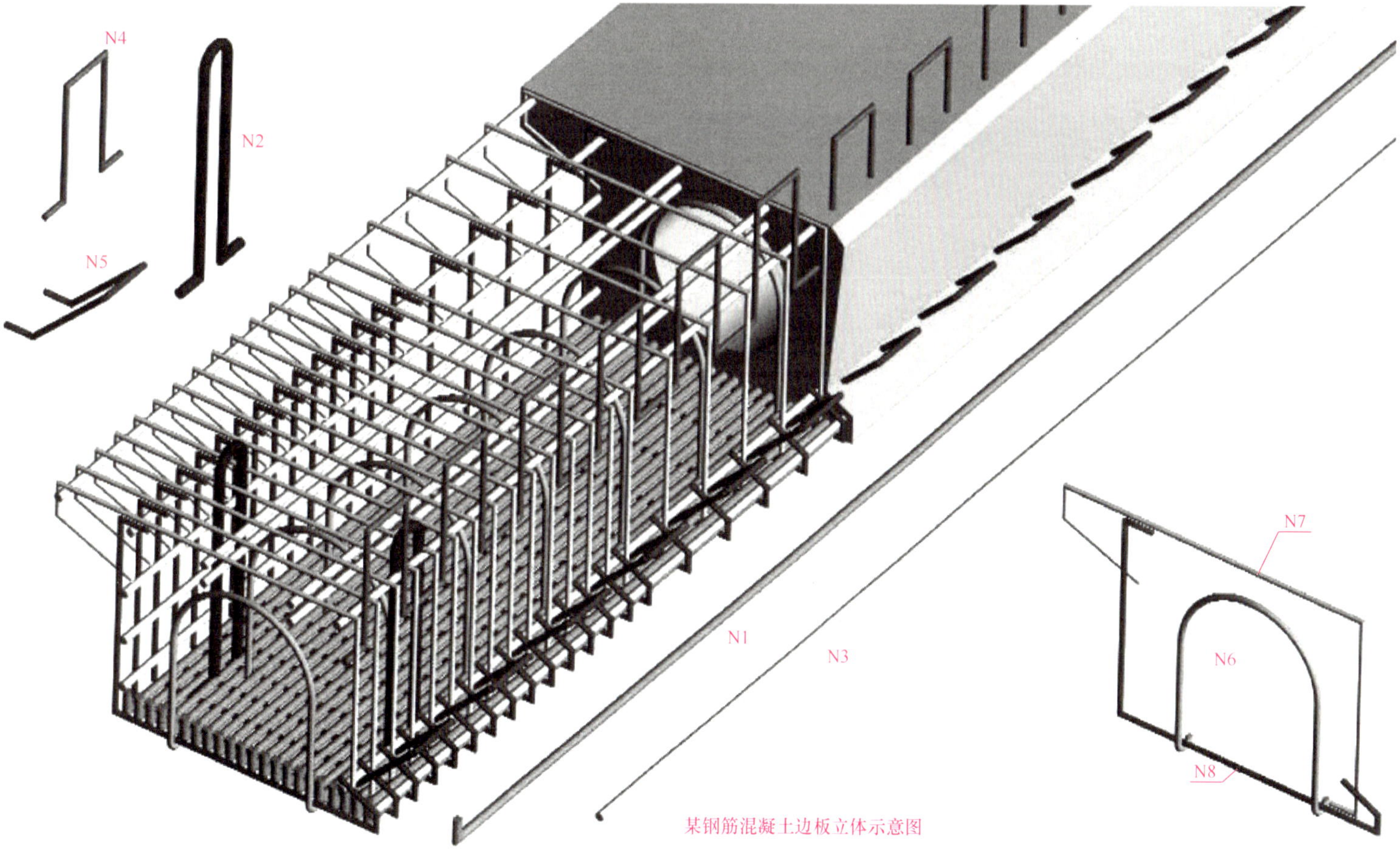

某钢筋混凝土边板立体示意图

（模型）

（彩图）

图 12-7

12-4（二） 某钢筋混凝土边板钢筋结构图。

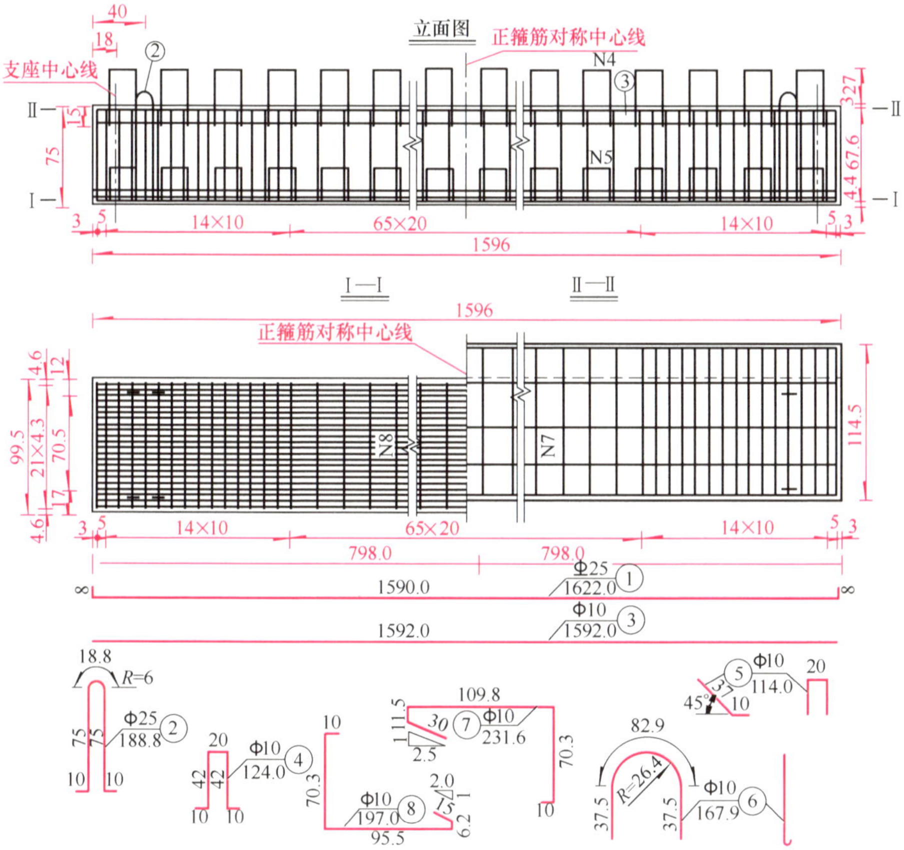

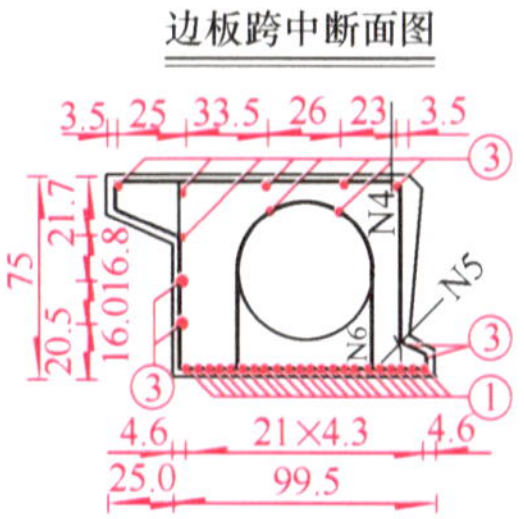

注：

1. 本图尺寸除钢筋直径以 mm 计，其余均以 cm 计。
2. 图中 1 号和 3 号钢筋为直线筋。
3. 20 号封头混凝土工程量每块板 0.085m^3。
4. 5 号筋伸出部分预制时紧贴侧模，按装时扳出，
   4 号筋伸出部分在浇筑铰缝时扳平。
5. 6 号筋每 40cm 设一道，其下端钩在 8 号钢筋上并与之绑扎。

一块边板工程数量表

编号	直径/mm	长度/cm	根数	共重/kg	C40 混凝土/m^3
1	Φ 25	1622.0		1373.8	8.56
2	Φ 25	188.8		29.1	
3	Φ 10	1592.0		616.8	
4		124.0			
5		114.0			
6		167.9	41		
7		231.6			
8		197.0			

图 12-8

12-5（一） 参照立体示意图（图 12-9），识读某桥面铺装钢筋构造图（图 12-10），并回答以下问题（图为习题 12-1 所示桥梁的桥面铺装钢筋结构图）。

（1）桥面铺装层由两种钢筋组成，由横向钢筋 1 和纵向钢筋 2 组成钢筋网，现浇 C40 混凝土厚度为（　　）cm，面层厚度为（　　）cm。（　　）号钢筋平行于道路中线、2 号钢筋（　　）于道路中线，都是均匀分布的，其间距均为（　　）cm，钢筋等级为（　　）钢筋。1 号钢筋长（　　）cm，共（　　）根，2 号钢筋长（　　）cm，共（　　）根。

（2）尺寸数字 2×124.5+5×99+6×1=750 表示 2 块 124.5cm 的边板和（　　）块（　　）cm 的中板及 6 个 1cm 的伸缩缝共（　　）cm，即整个桥面宽。74×10 表示 2 号钢筋间距为（　　）cm，一孔桥面上共有（　　）间距，共有（　　）根 2 号钢筋；159×10 表示 1 号钢筋间距为（　　）cm，一孔桥面上共有（　　）间距，共有（　　）根 1 号钢筋。全桥共有（　　）根 1 号钢筋，有（　　）根 2 号钢筋。

（3）一孔桥面铺装的长度为（　　）m，桥面的宽度为（　　）m，桥面的净宽度为（　　）m。

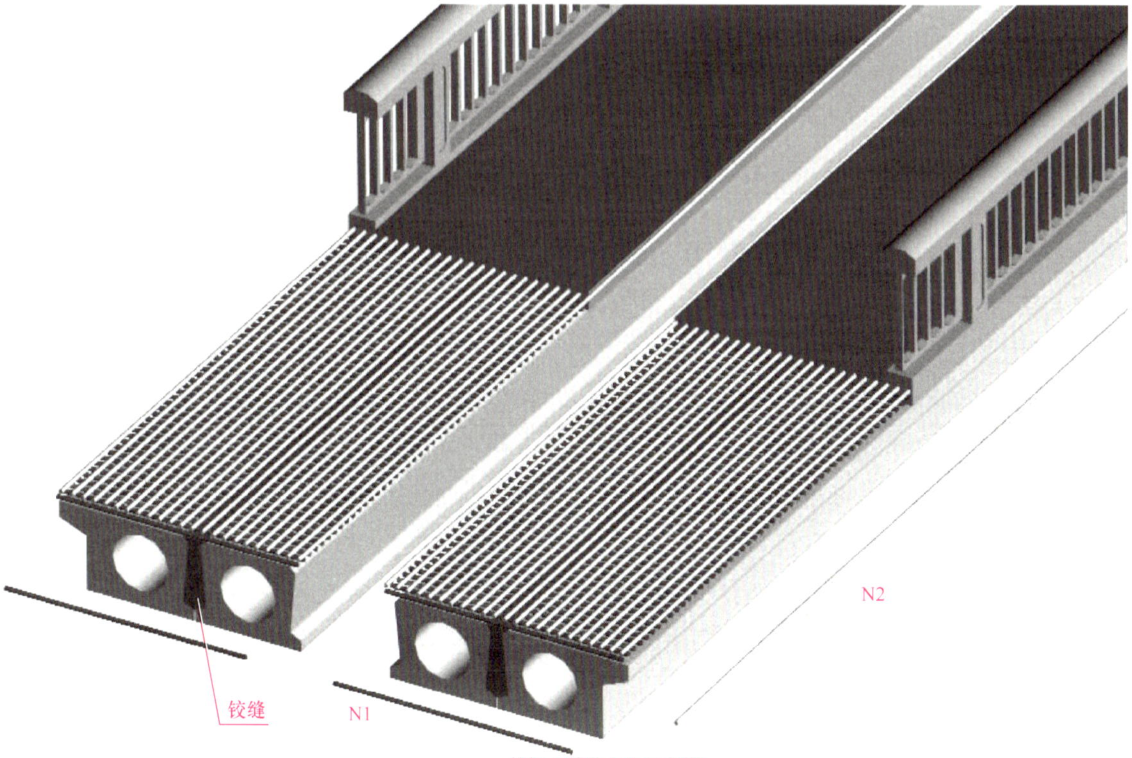

某桥面铺装立体示意图

图 12-9

（模型）

（彩图）

12-5（二） 某桥面铺装钢筋构造图。

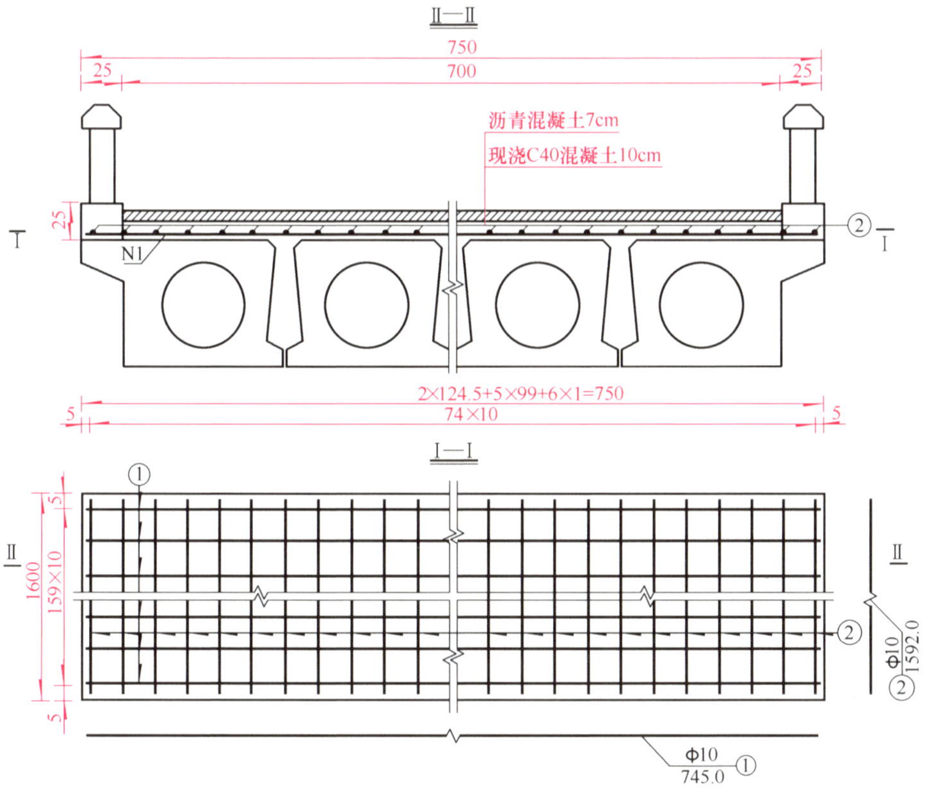

图 12-10

一孔桥面铺装工程数量

跨径 /m	角度 /(°)	编号	直径 /mm	长度 /cm	根数	共重 /kg	现浇 C40 混凝土 /m^3	沥青混凝土 /m^3
16	0	1	Φ 10	745.0		1472.2	21.02	7.84
		2		1592.0				

注：

1. 本图尺寸除钢筋直径以 mm 计，其余均以 cm 为单位。
2. 铰缝工程量已计入。
3. 一孔为六条铰缝。
4. 图中钢筋间距没有按实际尺寸绘制，读图时注意标注。

桥面铺装

钢筋构造图

12-6（一） 参照立体示意图（图 12-11），识读某桥面连续钢筋和构造图（图 12-12），并回答以下问题（图为习题 12-1 所示桥梁的桥面连续钢筋结构图）。

（1）1 号钢筋与 2 号钢筋相互垂直，2 号钢筋长 745cm，其长度方向垂直于桥面中心线，在桥墩中心线两侧各 50cm 范围内均匀分布，每（　　）cm 布置一根，共 38 根。

（2）3 号箍筋垂直于 2 号钢筋均匀分布在整个桥宽上，间距为（　　）cm，共（　　）根。

（3）1 号钢筋平行于桥面中心线，每隔（　　）cm 布置一根，共 25 根，1 号钢筋长度为 258cm。1 号钢筋中部（伸缩缝两侧）有 110cm 长度为失效段，失效段采用（　　　　　　）裹紧的措施，做到钢筋不与混凝土黏结。

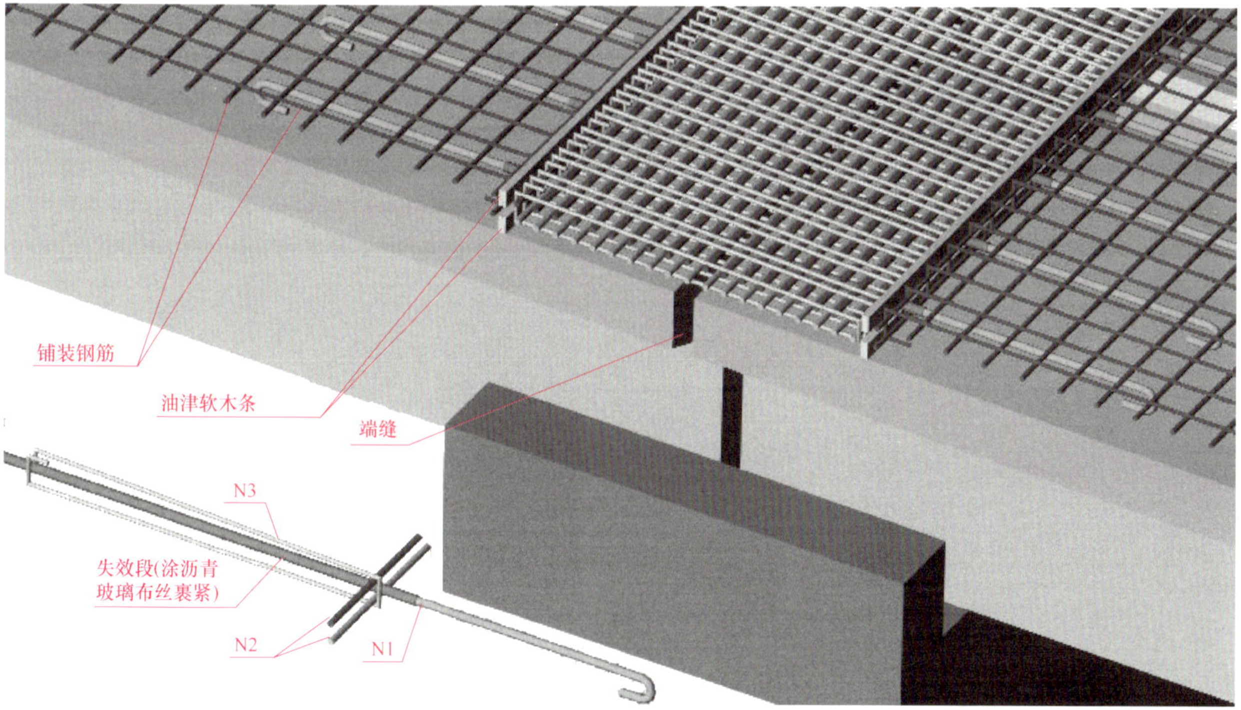

某桥面连续钢筋立体示意图

图 12-11

（模型）

（彩图）

12-6（二） 某桥面连续钢筋构造图。

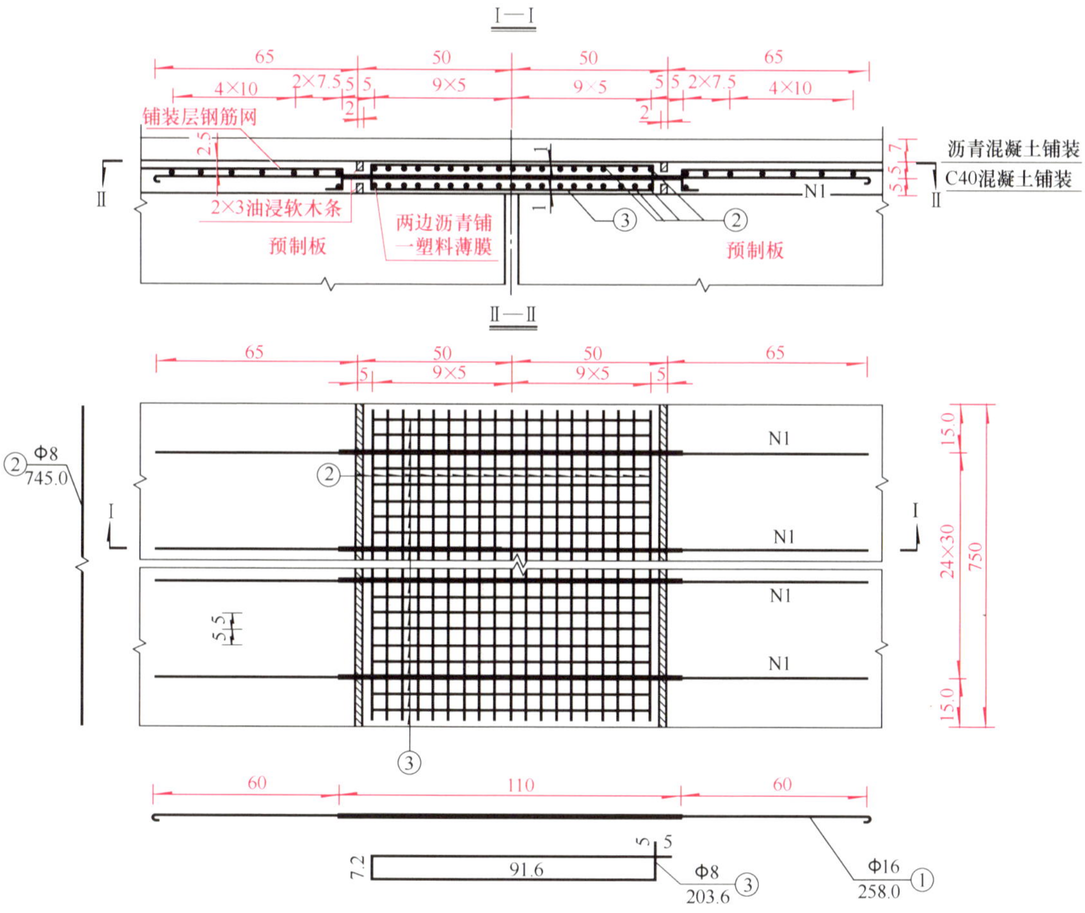

图 12-12

一孔连续工程数量表

编号	直径/mm	长度/cm	根数	共重/kg	C40 混凝土/m^3
1	Φ16	258.0		101.9	0.75
2	Φ8	745.0		231.7	
3		203.6			

注：

1. 本图尺寸除钢筋直径以 mm 计，其余均以 cm 计。

2. 1 号钢筋失效长度对称于墩中心线布置，失效段采用涂沥青玻璃丝布裹紧的措施，做到钢筋与混凝土不黏结。

3. 施工时将相邻板锁定并塞紧端缝，先浇混凝土铺装层和铰缝，待强度达到 70% 时，解除锁定，涂抹隔离层后再浇桥面连续混凝土。

桥面连续
钢筋构造图

12-7（一） 参照立体示意图（图 12-13），识读某桥墩盖梁钢筋结构图（图 12-14），并回答以下问题（图为习题 12-1 所示桥梁的桥墩盖梁钢筋结构图）。

（1）全梁共有（　　）种钢筋，（　　）、（　　）、（　　）、（　　）、（　　）号钢筋均为受力钢筋，并且焊接成钢筋骨架 A。2 号钢筋有（　　）根，分布在梁的（　　）面，主要用来承受拉力；1 号钢筋主要用来承受压力，分布在梁的（　　）面；3、5 号钢筋各有（　　）根。4 号钢筋有（　　）根。6、7 号钢筋为分布钢筋，布置在梁的两侧面，7 号钢筋的长度随截面的变化而变化，各（　　）根。8、9 号钢筋是箍筋，以（　　）cm 的间距均匀分布在整个梁上，8 号钢筋分布在梁的中段，共 55 道（　　）根，9 号钢筋是箍筋分布在梁的两端的变截面处，共（　　）道 40 根，9 号钢筋的长度随截面的变化而变化。除 8、9 号箍筋为 HPB300（Ⅰ级）钢筋外，其余都是 HRB335（Ⅱ级）钢筋。

（2）Ⅰ号钢筋的长度为（　　）cm，2 号钢筋的长度为（　　）cm，图中 27×10 表示有（　　）个间距，每个间距（　　）cm。

（3）在指定位置绘制Ⅲ—Ⅲ断面图。

注意：为图面清晰，立体图中的箍筋没有全部画出，只画出其中一部分。

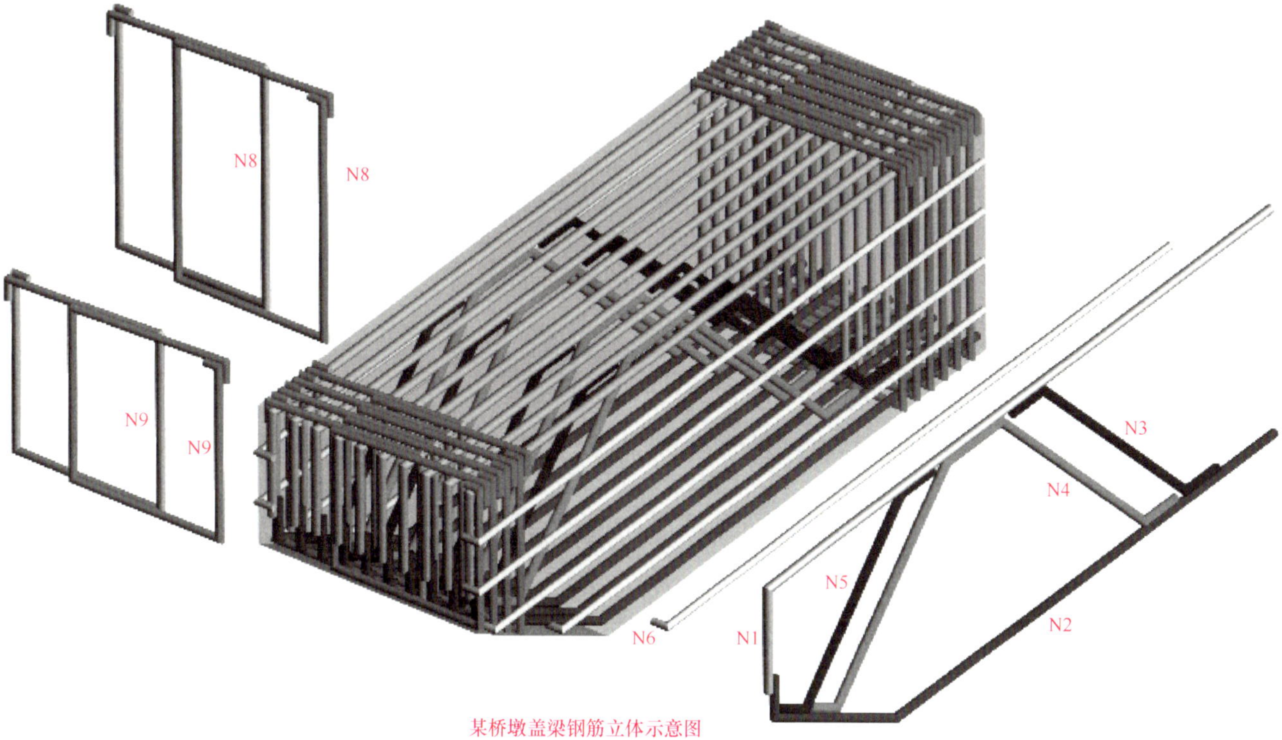

某桥墩盖梁钢筋立体示意图

图 12-13

（模型）

（彩图）

12-7（二） 某桥墩盖梁钢筋结构图。

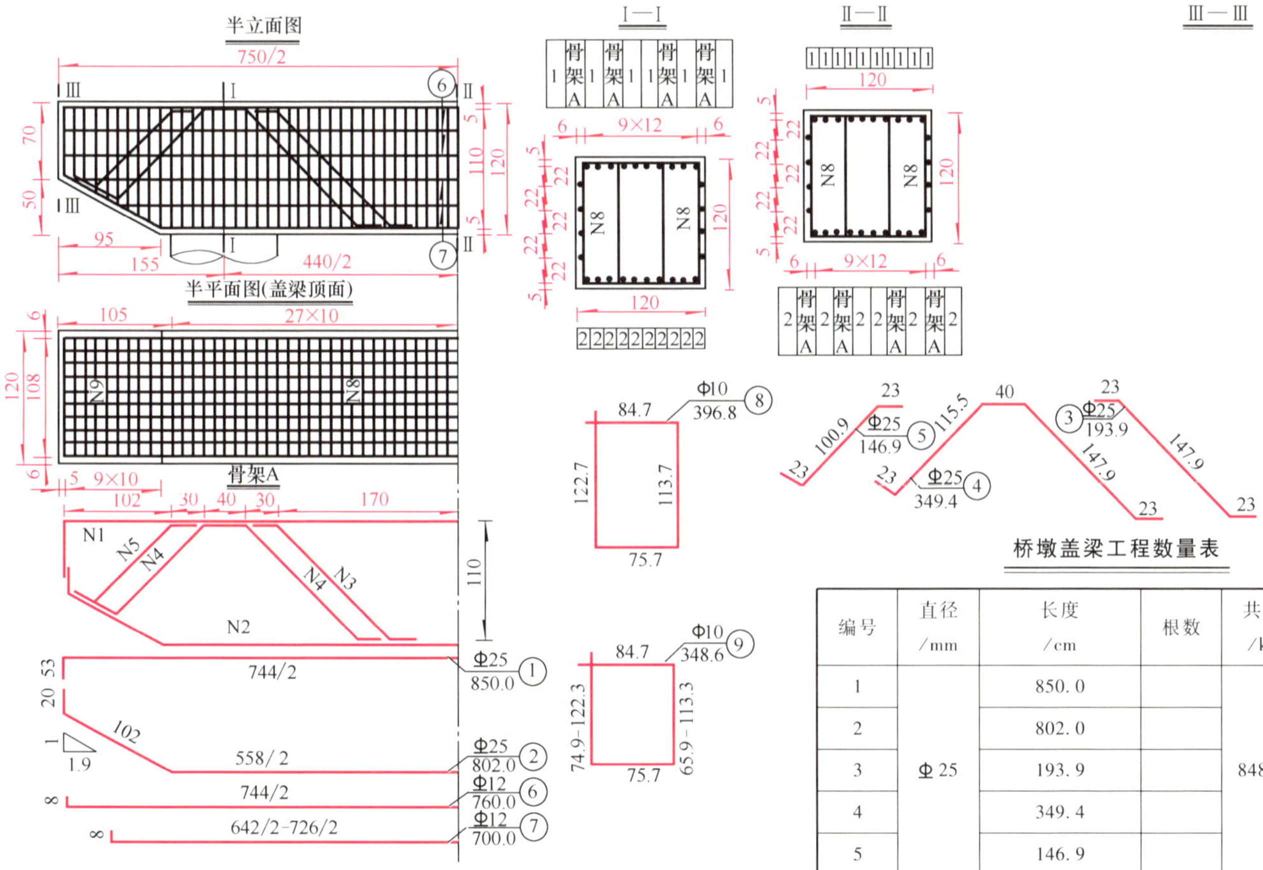

桥墩盖梁工程数量表

编号	直径/mm	长度/cm	根数	共重/kg	C30 混凝土/m^3
1	Φ 25	850. 0		848. 6	10. 23
2		802. 0			
3		193. 9			
4		349. 4			
5		146. 9			
6	Φ 12	760. 0		51. 9	
7		700. 0(平均)			
8	Φ 10	396. 8		355. 3	
9		348. 6(平均)			

注：

1. 本图尺寸除钢筋直径以 mm 计，其余均以 cm 计。
2. 骨架焊接采用双面焊，焊接斜筋呈 45°角。

图 12-14

桥墩盖梁
钢筋构造图

12-8（一） 参照立体示意图（图 12-15），识读某桥台盖梁钢筋构造图（图 12-16），并回答以下问题（图为习题 12-1 所示桥梁的桥台盖梁钢筋构造图）。

（1）整个梁上共有（　　）种钢筋，（　　）、（　　）、（　　）、（　　）号钢筋均为受力钢筋，并且焊接成钢筋骨架 A。1 号钢筋分布在梁的顶部，主要用来承受压力；2 号钢筋分布在梁的底部，主要用来承受拉力，各（　　）根。3、4 号钢筋是斜筋，主要承受剪力，5 号钢筋是分布钢筋，布置在梁的两侧，共（　　）根。6 号钢筋是箍筋，沿盖梁纵向是均匀布置的，间距为（　　）cm。

（2）尺寸 38×10 说明有（　　）个间距，每个间距为（　　）cm 布置箍筋。图中除 6 号钢筋为 HPB300（Ⅰ级）钢筋外，其余都是 HRB335（Ⅱ级）钢筋。

（3）在指定位置绘制Ⅲ-Ⅲ断面图。

注意：为了图面清晰，立体图中的箍筋没有全部画出，只画出其中一部分。

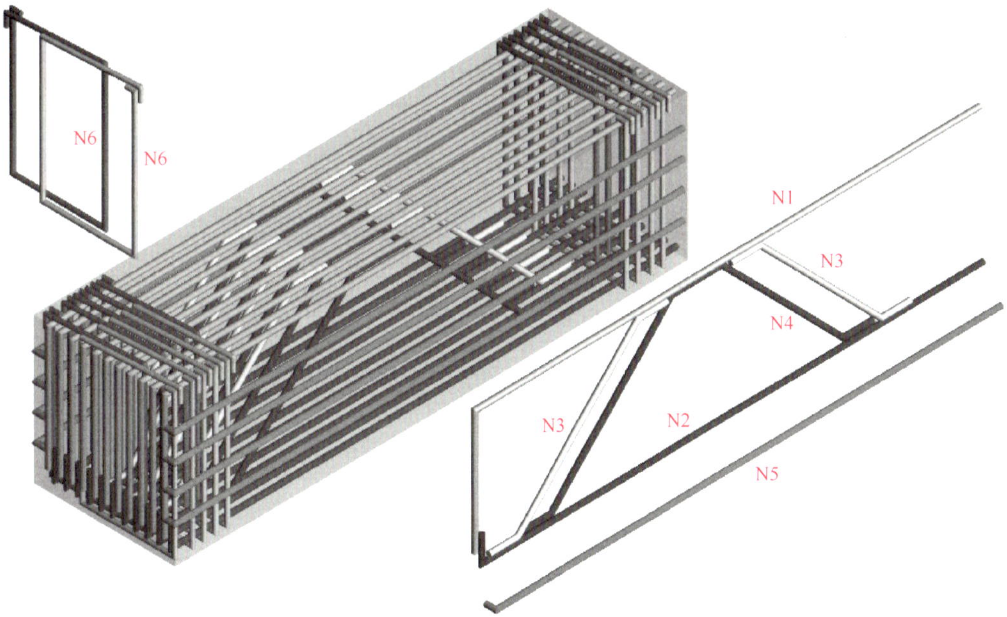

某桥台盖梁钢筋立体示意图

图 12-15

（模型）

（彩图）

12-8（二） 某桥台盖梁钢筋构造图。

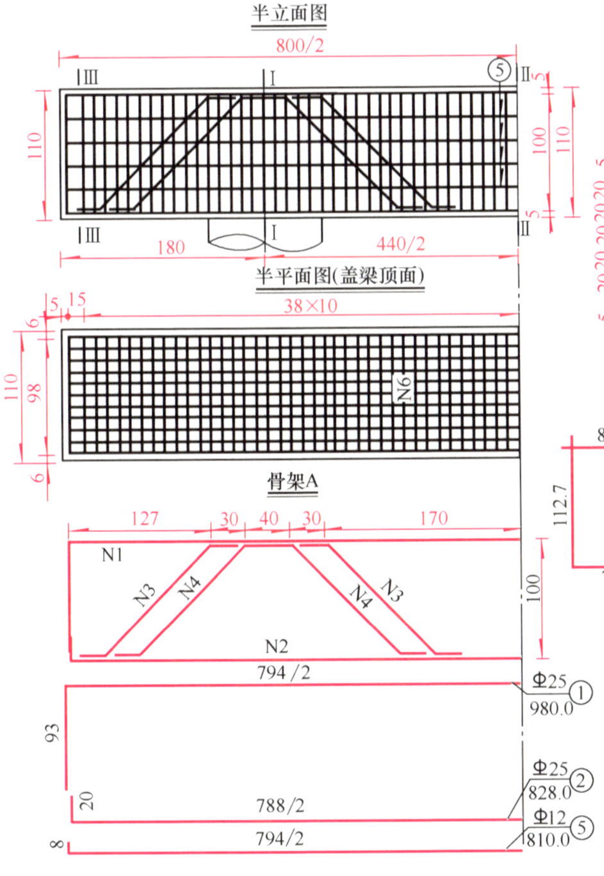

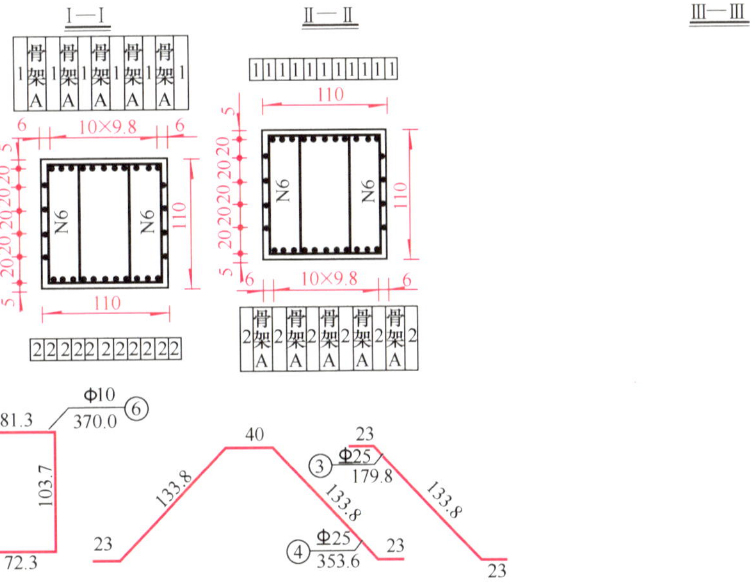

桥台盖梁工程数量表

编号	直径/mm	长度/cm	根数	共重/kg	C25 混凝土/m³
1	Φ 25	980.0		1040.3	9.69
2		828.0			
3		179.8			
4		353.6			
5	Φ 12	810.0		57.5	
6	Φ 10	370.0		360.7	

注：

1. 本图尺寸除钢筋直径以 mm 计，其余均以 cm 计。
2. 骨架焊接采用双面焊，焊接斜筋呈 45°角。

图 12-16

桥台盖梁钢筋构造图

12-9（一） 参照立体示意图（图 12-17），识读某桥墩桩基础钢筋构造图（图 12-18），并回答以下问题（图为习题 12-1 所示桥梁的桥墩桩基础钢筋构造图）。

（1）图中共有（　　）种钢筋。其中（　　）、（　　）、（　　）号钢筋分布在桥墩立柱内，1 号钢筋为立柱的主筋，1 号钢筋伸入盖梁内的部分做成喇叭形，大约与直线倾斜 15°，下部伸入桩柱内的部分也做成微喇叭形。一根桩柱中共有（　　）根 1 号钢筋。2 号加强箍筋在钢筋骨架上每隔（　　）m 焊接一根，一根桩柱中共（　　）根。3 号钢筋为立柱的螺旋分布筋，只有 1 根，分布在整个立柱上，其螺旋间距为（　　）cm，3 号螺旋筋总长为（　　）cm。

（2）4、5、6、7、8 号钢筋为桩基钢筋。4、5 号钢筋均为桩柱的主筋，只是它们的长度不同。4、5 号钢筋上部与 1 号钢筋搭接部分向内倾斜，以便与 1 号钢筋焊接，4、5 号钢筋也是沿圆周均匀分布，且与 6 号加强箍筋焊接。一根桩柱中共有 4 号、5 号钢筋各（　　）根。6 号钢筋在钢筋骨架上每隔（　　）m 焊接一根，全柱共 6 根。8 号钢筋为螺旋分布筋，分布在整个桩柱上，螺旋间距为（　　）cm，8 号钢筋螺旋高度为（　　）cm。7 号定位钢筋在钢筋骨架上每隔（　　）m 沿圆周等距离焊接 4 根，一根桩柱中共 24 根。在桩基础底部有（　　）cm 的素混凝土（无钢筋的混凝土）。

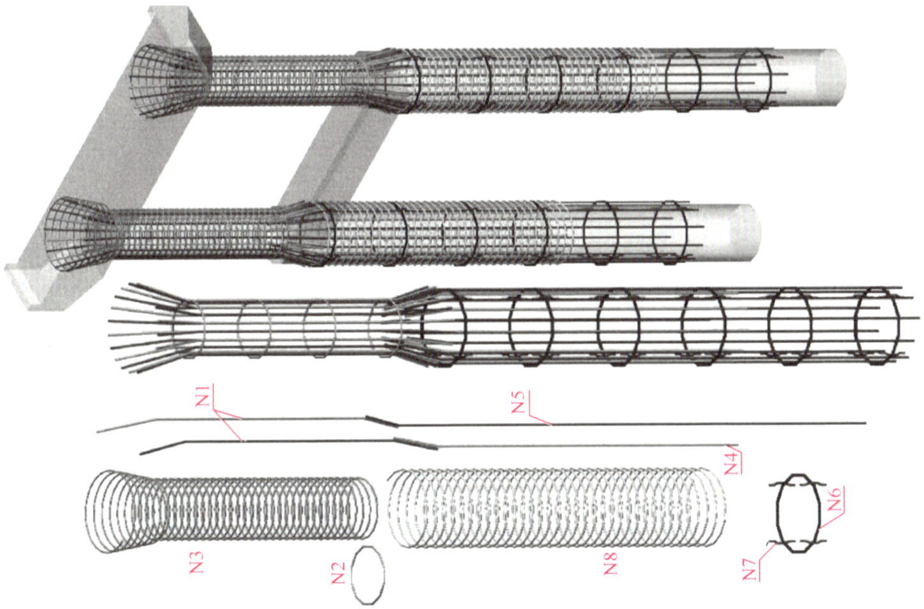

（彩图）

某桥墩桩基础钢筋立体示意图

图 12-17

12-9（二） 某桥墩桩基础钢筋构造图。

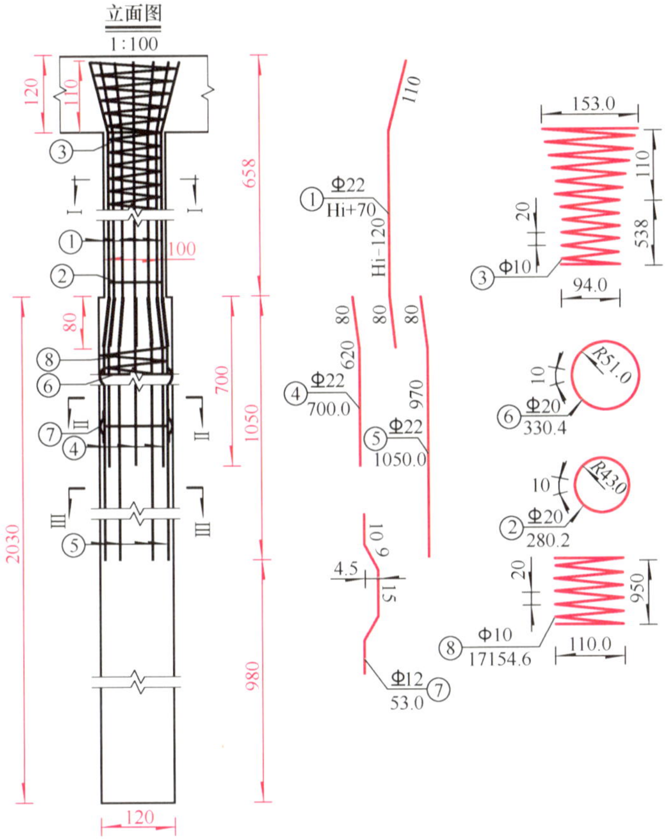

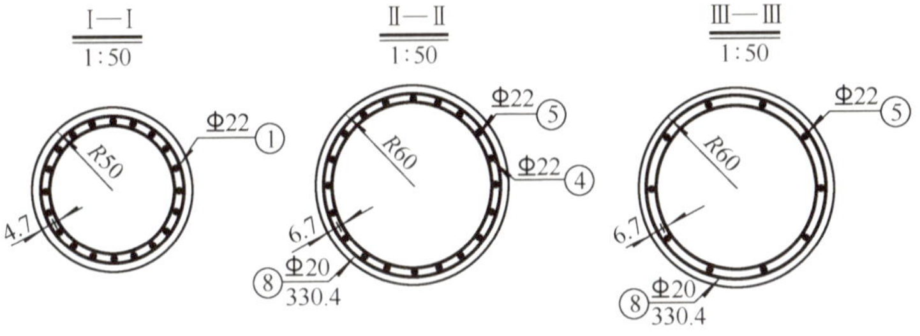

一座桥墩钻孔桩工程数量表（全路幅）

墩号	柱桩	钢筋编号	直径/mm	1 长度/cm	1 根数	2 长度/cm	2 根数	共重/kg	混凝土/m^3
1	柱	1	Φ 22	728.0	20	728.0	20	867.8	C30:8.45
		2	Φ 20	280.2	4	280.2	4	55.4	
		3	Φ 10	11098.7	1	11098.7	1	137.0	
	桩	4	Φ 22	700.0	10	700.0	10	1043.0	C25:45.92
		5	Φ 22	1050.0	10	1050.0	10		
		6	Φ 20	330.4	6	330.4	6	97.9	
		7	Φ 12	53.0	24	53.0	24	22.6	
		8	Φ 10	17154.6	1	17154.6	1	211.7	

注：

1. 本图尺寸除钢筋直径以 mm 计外，其余均以 cm 计。
2. 加强箍筋 2 号和 6 号在钢筋骨架上每隔 2m 焊接一根，定位钢筋 7 号在钢筋骨架上每隔 2m 沿圆周等距离焊接四根。
3. 2 号和 6 号钢筋搭接处采用双面焊。
4. 伸入盖梁内的 1 号筋做成喇叭形，大约与竖直线倾斜 15°，盖梁若受构造限制，部分钢筋可不做成喇叭形。
5. 横向柱号顺序为从左至右。

图 12-18

桥墩桩基钢筋构造图

项目十三　识读涵洞工程图

13-1（一）　参照立体示意图（图 13-1），识读某钢筋混凝土斜盖板涵一般构造图（图 13-2），并回答以下问题。

该涵洞与道路中心线斜交，立面图是剖切平面通过涵洞轴线向正面投影得到的纵向剖面图，立面图上的长度尺寸不反映实长，所以涵洞长度方向的尺寸要从平面图上分析，道路宽度要从立面图上分析。涵洞高度方向的尺寸从立面图、侧面图上分析，并注意侧面图与Ⅰ—Ⅰ断面图（涵身横断面图）上的尺寸的关系。

（1）该涵洞洞顶道路中心线处填土高度为（　　）cm，路面宽度为（　　）cm，涵洞轴线与道路中心线的夹角为（　　）°。

（2）路基边坡的坡度为（　　）%，涵洞净高为（　　）cm，截水墙的长、宽、高为（　　）cm、（　　）cm、（　　）cm，锥形护坡浆砌片石厚度为（　　）cm。

（3）洞底铺砌的厚度为（　　）cm，砂砾垫层的厚度为（　　）cm，洞口铺砌的厚度为（　　）cm，洞口铺砌的水平形状为（　　）形，截水墙的水平形状为（　　）形，洞顶盖板的水平形状为（　　）形。

（4）涵台基础高度为（　　）cm。

（5）在Ⅰ—Ⅰ断面图中指出盖板、涵台台身、涵台基础、台帽、洞底铺砌、砂砾垫层的断面。Ⅰ—Ⅰ断面图的剖切平面与道路中心线的夹角为（　　）°。

（6）涵台、台帽的材料分别为（　　　　）、（　　　　）。

（7）涵洞轴线处道路中心设计标高为（　　）m，涵洞轴线处路基边缘的设计标高为（　　）m，洞底道路中心线处的标高为（　　）m。

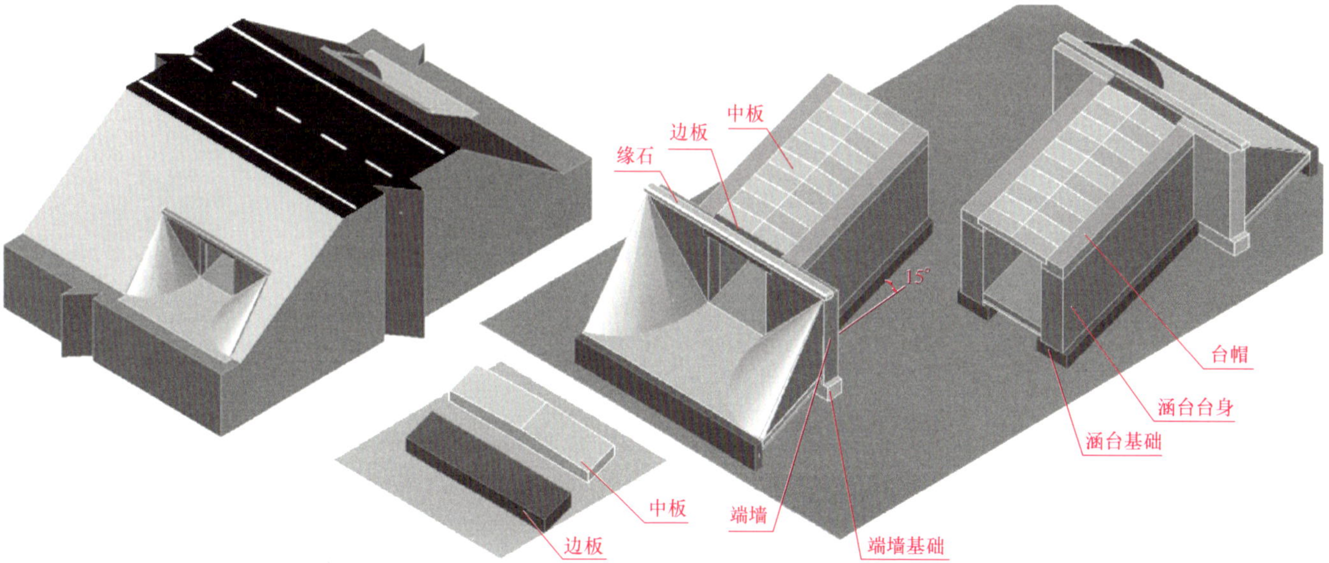

某钢筋混凝土斜盖板涵立体示意图

图 13-1

（模型）

（彩图）

13-1（二） 某钢筋混凝土斜盖板涵一般构造图。

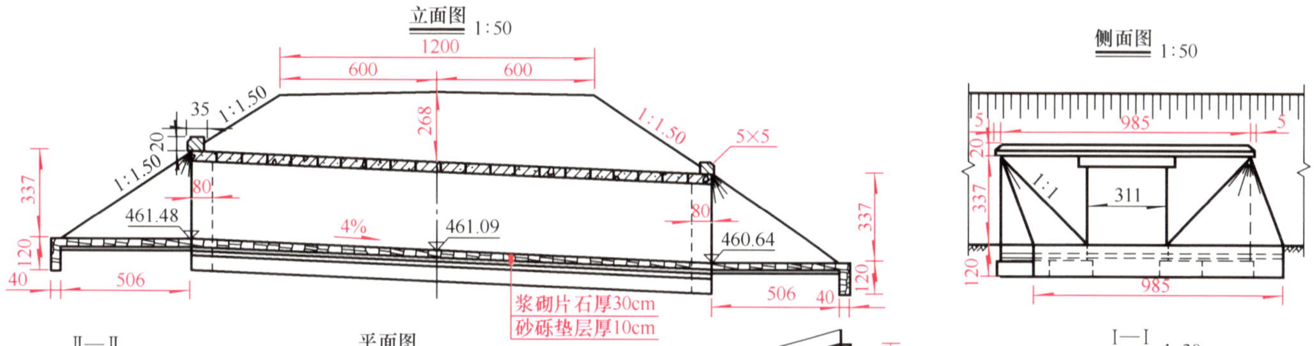

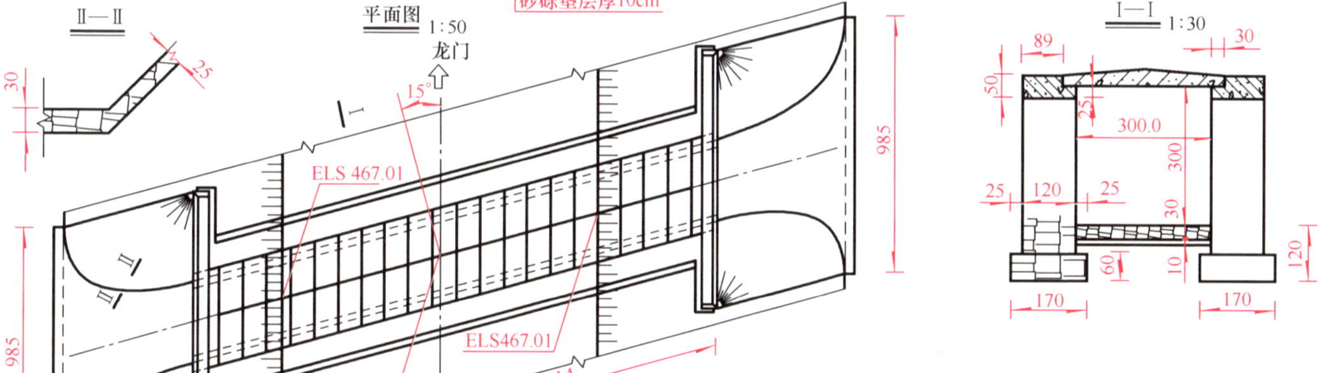

识读某钢筋混凝土斜盖板涵工程图

注：

1. 本图尺寸除标高以 m 计外，余者均以 cm 为单位。
2. 沉降缝贯穿整个断面，缝宽 1~2cm，缝内用沥青麻絮填塞。
3. 盖板支承处用 M7.5 砂浆抹平，盖板顶、台顶防水层采用涂热沥青两层，每层厚 1~1.5mm，两层间铺油毡纸一层。
4. 石料强度不小于 MU30。
5. ELC 表示道路中心线的设计标高，ELS 表示路基边缘的设计标高。

工程数量表

M7.5 浆砌片石涵台基础 /m^3	M7.5 浆砌片石涵台 /m^3	M5 浆砌片石洞底铺砌 /m^3	C25 混凝土缘石 /m^3	砂垫层 /m^3	M5 浆砌片石洞口铺砌 /m^3	M5 浆砌片石截水墙 /m^3	M5 浆砌片石锥坡 /m^3	锥心填土 /m^3	M5 浆砌片石端墙墙身 /m^3	M5 浆砌片石端墙基础 /m^3	C25 混凝土台帽 /m^3
39.44	153.84	18.89	1.39	10.95	13.25	9.45	16.41	46.00	42.81	7.16	20.16

图 13-2

13-2（一） 参照立体示意图（图 13-3），识读某钢筋混凝土圆管涵一般构造图（图 13-4），并回答以下问题。

该钢筋混凝土圆管涵一般构造图的平面图中没有画出端墙基础的投影，也没画出圆管基础及砂砾垫层的投影，这也是工程图中常见的画法，读图时应该注意该情况。

（1）混凝土圆管直径为（ ）cm，圆管壁厚为（ ）cm，洞口铺砌的厚度为（ ）cm，进洞口铺砌的水平形状为（ ）形，出洞口铺砌的水平形状为（ ）形。

（2）圆管涵底部在道路中心线处的标高为（ ）m，进洞口采用（ ）形式的洞口，出洞口采用（ ）形式的洞口。

（3）指出缘石、洞口铺砌、端墙、翼墙、截水墙各为（ ）、（ ）、（ ）、（ ）、（ ）材料。

（4）全涵有两种长度的圆管，1m 长度的有（ ）节，0.5m 长度的有（ ）节。该钢筋混凝土圆管涵路基边坡的坡度为（ ）%。

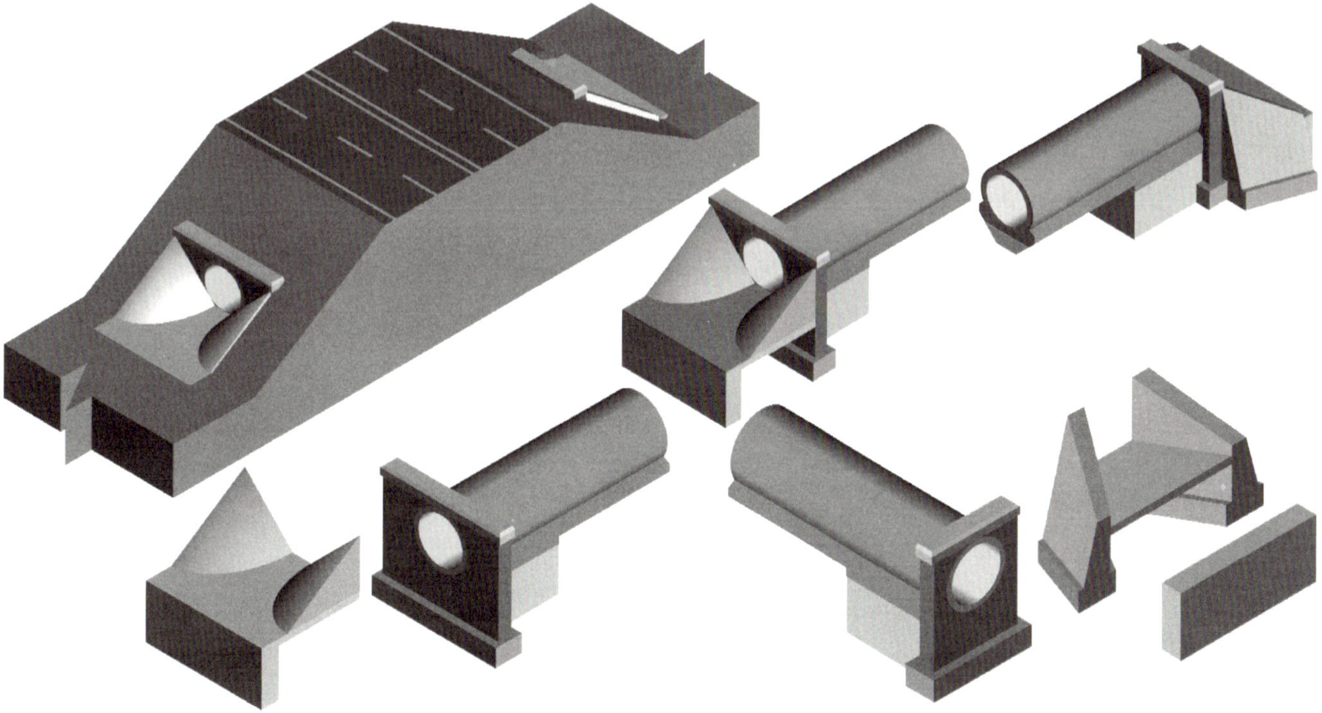

（模型）

（彩图）

某钢筋混凝土圆管涵立体示意图

图 13-3

13-2（二） 某钢筋混凝土圆管涵一般构造图。

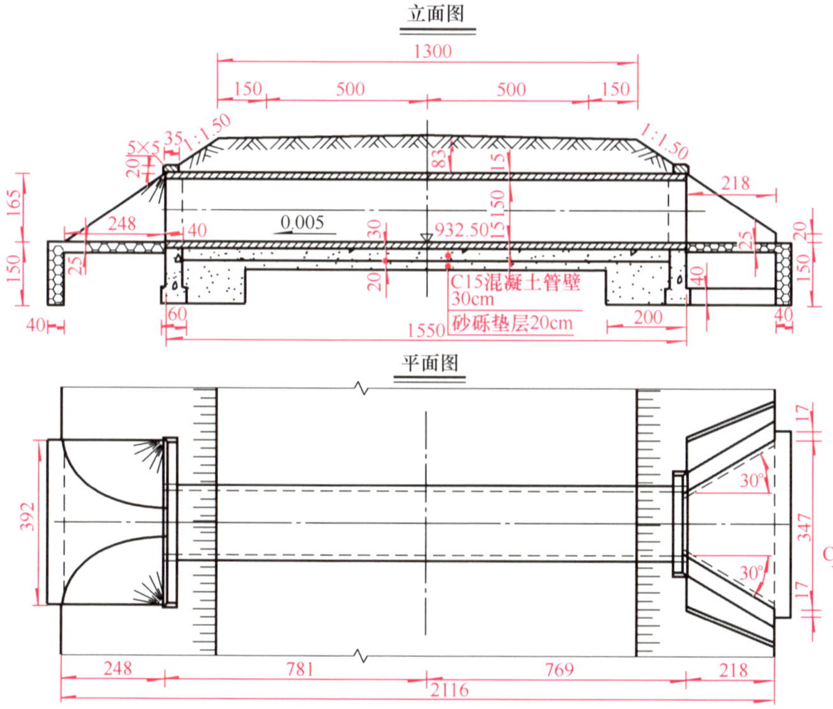

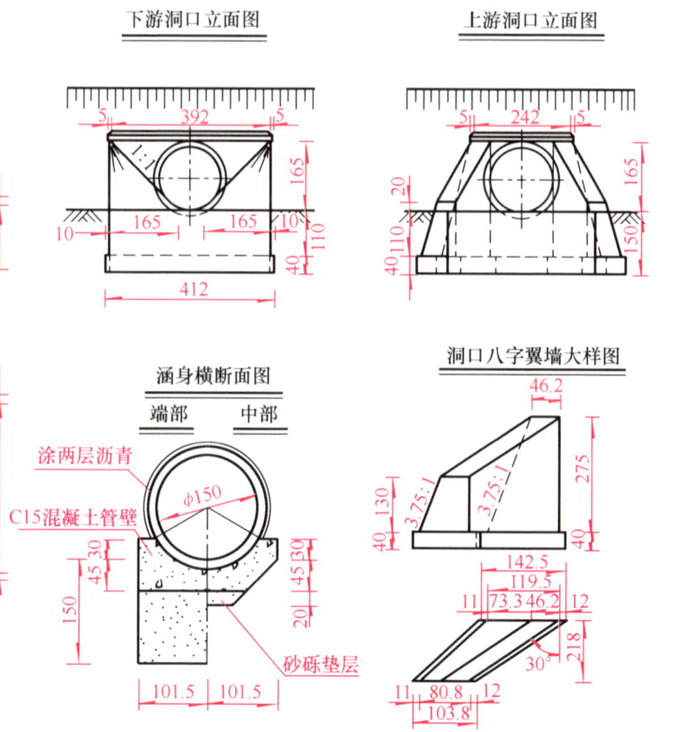

工程数量表

工程项目名称	单位	数量	工程项目名称	单位	数量
C15 混凝土端墙墙身	m^3	4.94	M7.5 浆砌片石锥坡	m^3	1.71
C15 混凝土端墙基础	m^3	1.62	锥心填土	m^3	1.82
C15 混凝土管基	m^3	13.89	C15 混凝土八字翼墙墙身	m^3	6.75
C15 混凝土缘石	m^3	0.46	C15 混凝土翼墙基础	m^3	2.14
砂砾垫层	m^3	8.30	1m 管节个数	个	
M7.5 浆砌片石洞口铺砌	m^3	2.32	0.5m 管节个数	个	1
M7.5 浆砌片石截水墙	m^3	5.00			

注：

1. 本图尺寸除标高以 m 计外，其余均以 cm 计。
2. 涵洞全长范围内设沉降缝 3～4 道，其位置以设在路基中部和行车道外侧为宜。
3. 管基混凝土可分两次浇注，先浇注底下部分，注意预留管基厚度及安放管节座浆混凝土 2～3cm，待安放管节后再浇注上部混凝土。

图 13-4

13-3（一） 参照立体示意图（图 13-5），识读某钢筋混凝土斜圆管涵一般构造图（图 13-6），并回答以下问题。

由于涵洞与道路中心线倾斜，涵洞长度方向的尺寸标注在平面图上，平面图要重点分析，道路宽度尺寸要从立面图上分析。（注意：图中斜涵倾斜角较大，使图面难以布置，采用缩小后的倾斜角值绘制，但在计算尺寸时，仍应按实际的倾斜角计算。）

（1）涵洞轴线处道路中心线的设计标高为（　　）m，路基左、右侧边缘设计标高分别为（　　）m、（　　）m，说明该涵洞位于道路的弯道（平曲线）上，该处道路是（　　）（左转或右转）。

（2）涵管（圆管）管径为（　　）cm，管壁厚为（　　）cm，涵管长为（　　）cm。洞底设计流水坡度为（　　）%。路基宽度为（　　）cm。道路中线处洞顶填土厚度为（　　）cm。路基边坡为（　　）%，锥形护坡浆砌片石厚度为（　　）cm。

（3）立面图的剖切平面通过涵洞轴线，与道路中心线的夹角为（　　）°。涵身横断面图的剖切平面垂直于涵洞轴线，与道路中心线的夹角为（　　）°。

（4）涵管的侧面投影（　　）反映实形，其侧面投影的形状是（　　）。

（5）在三面投影中用不同颜色的笔标出截水墙，端墙基础的投影。

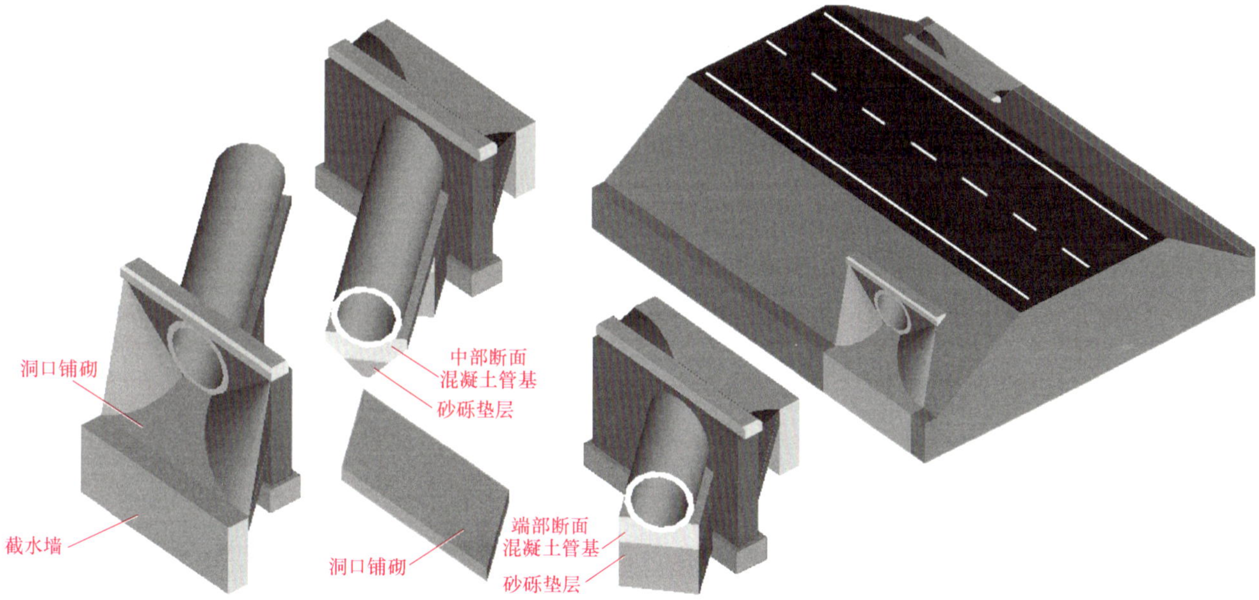

某钢筋混凝土斜圆管涵立体示意图

图 13-5

（模型）

（彩图）

13-3（二） 某钢筋混凝土斜圆管涵一般构造图。

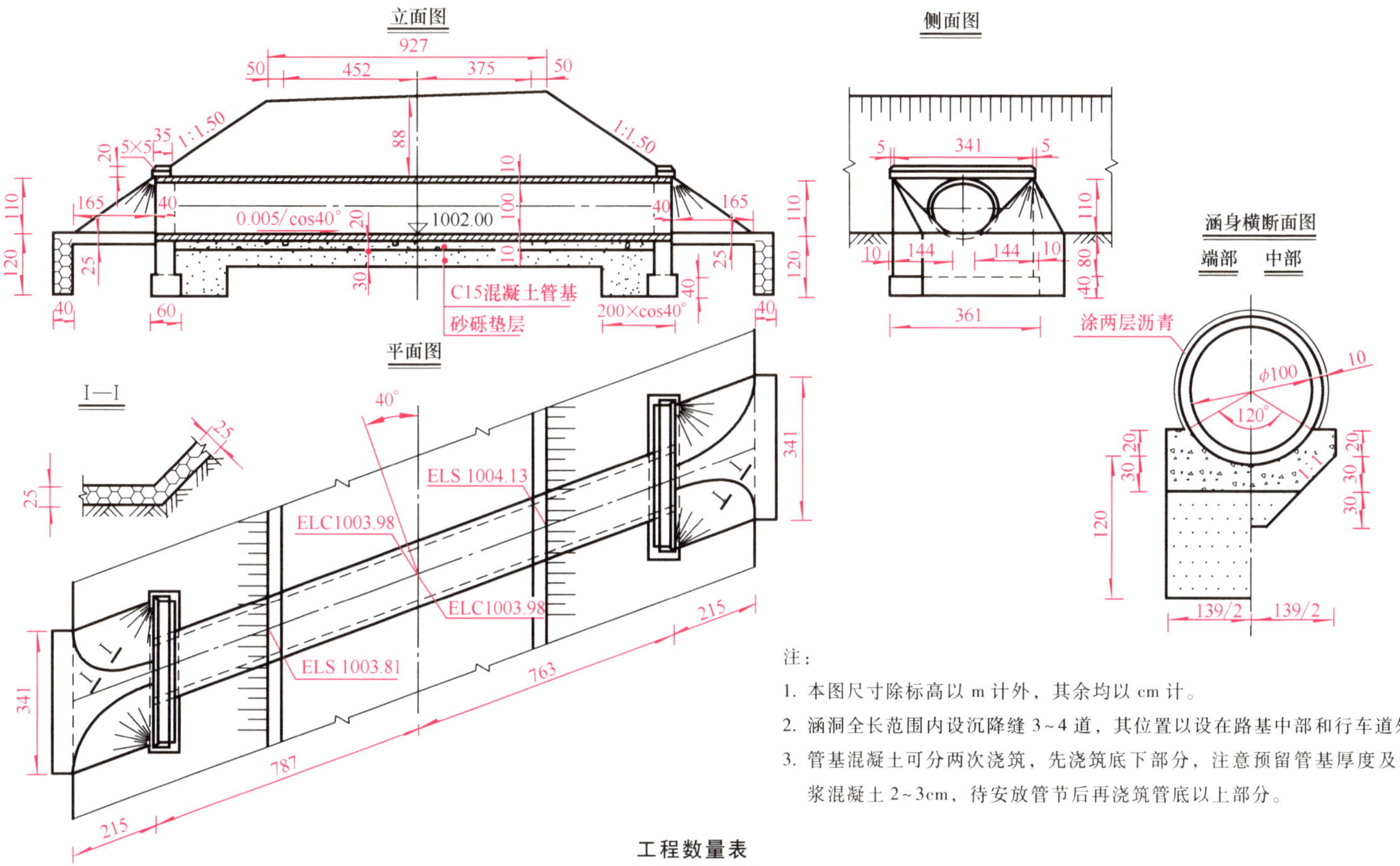

注：

1. 本图尺寸除标高以 m 计外，其余均以 cm 计。
2. 涵洞全长范围内设沉降缝 3~4 道，其位置以设在路基中部和行车道外侧为宜。
3. 管基混凝土可分两次浇筑，先浇筑底下部分，注意预留管基厚度及安放管节座浆混凝土 2~3cm，待安放管节后再浇筑管底以上部分。

工程数量表

工程项目名称	单位	数量	工程项目名称	单位	数量	工程项目名称	单位	数量
C15 混凝土端墙墙身	m^3	4.01	砂砾垫层	m^3	5.69	锥心填土	m^3	0.95
C15 混凝土端墙基础	m^3	1.73	M7.5 浆砌片石洞口铺砌	m^3	0.95	2m 管节个数	个	6
C15 混凝土管基	m^3	5.93	M7.5 浆砌片石隔水墙	m^3	3.28	0.5m 管节个数	个	3
C15 混凝土墙帽	m^3	0.49	M5 浆砌片石锥坡	m^3	1.78	2 个斜管节长度	cm	70

图 13-6

13-5（一） 参照立体示意图（图 13-9），识读某钢筋混凝土箱涵一般构造图（图 13-10），并回答以下问题。

（1）该钢筋混凝土箱涵洞顶道路中心线处的填土高度为（ ）cm，路基宽度为（ ）cm。路基边坡的坡度为（ ）%。洞底道路中心线处的标高是（ ）m。

（2）洞身端部、中部砂砾垫层的厚度为（ ）cm、（ ）cm。混凝土基础的厚度为（ ）cm。

（3）锥坡基础的高度为（ ）cm、厚度为（ ）cm，锥坡的材料为（ ），锥坡厚度（ ）cm。

（4）钢筋混凝土洞身顶部、底部的厚度为（ ）cm、（ ）cm。前后侧壁的厚度为（ ）cm。

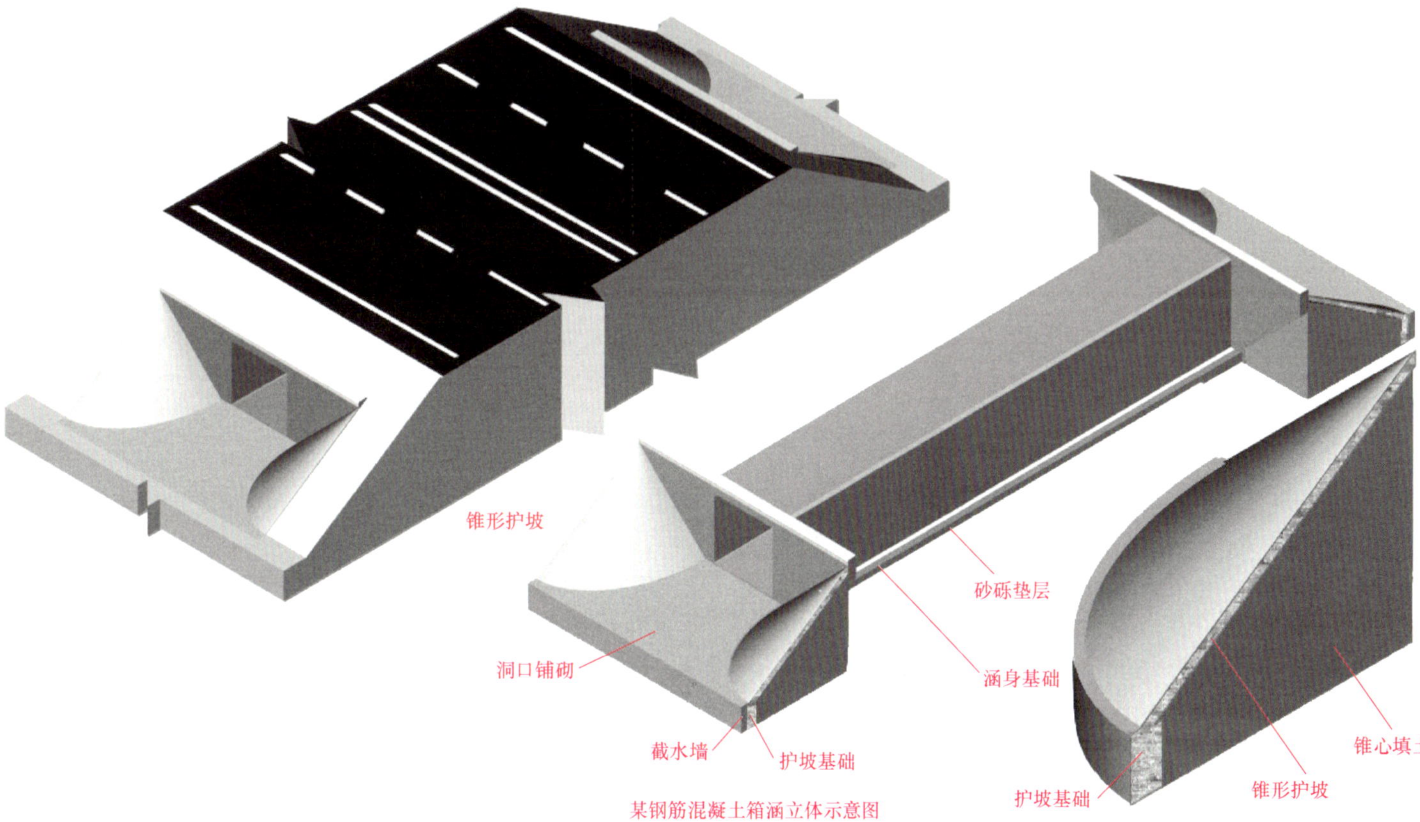

某钢筋混凝土箱涵立体示意图

图 13-9

（模型）

（彩图）

13-5（二） 某钢筋混凝土箱涵一般构造图。

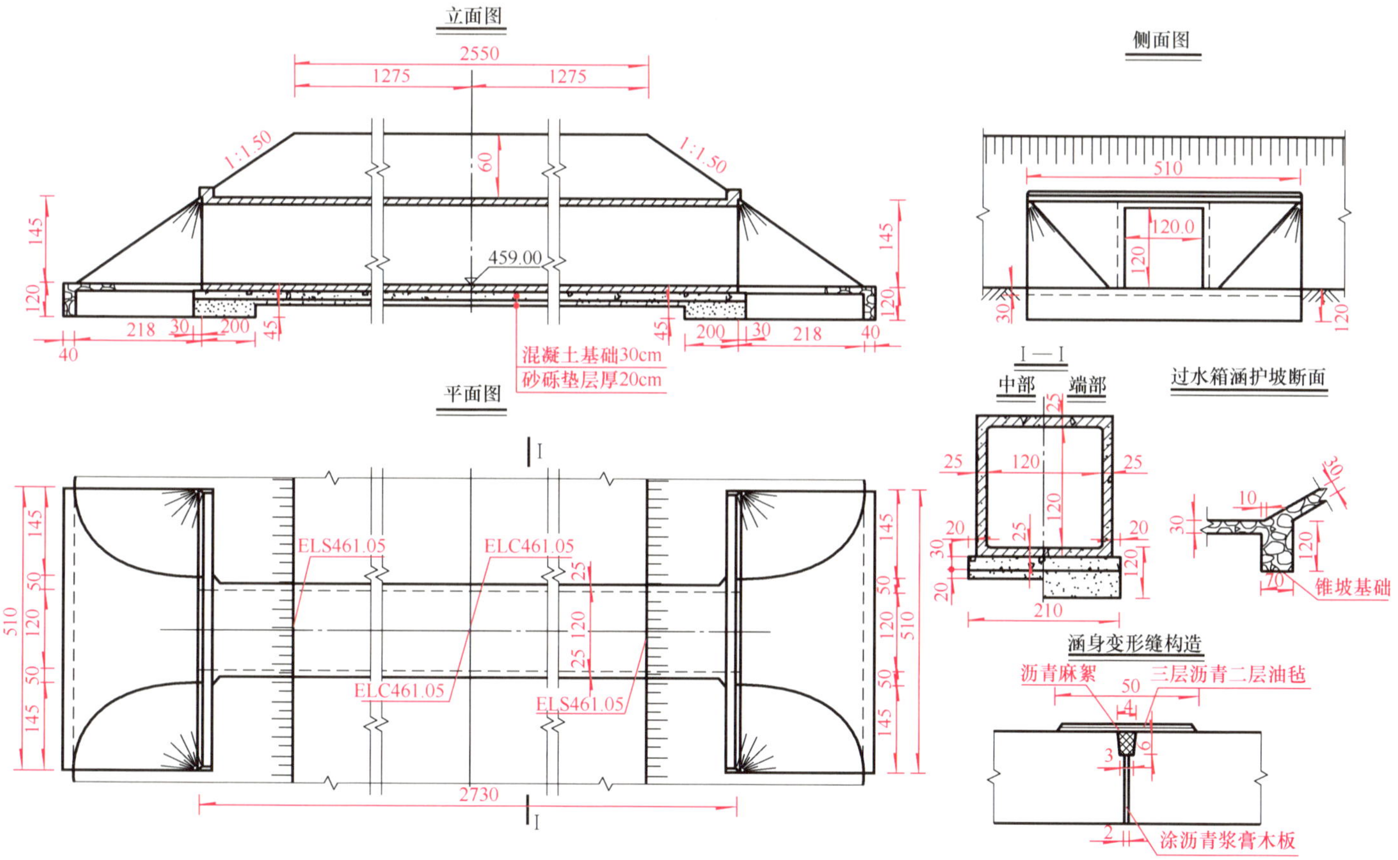

工程数量表

C10 混凝土涵身基础 /m^3	涵底砂砾垫层 /m^3	M5 浆砌片石锥坡 /m^3	锥心填土 /m^3	M5 浆砌片石锥坡基础 /m^3	M7.5 号浆砌片石隔水墙 /m^3	M7.5 浆砌片石洞口铺砌 /m^3	涵长/m	
							左	右
17.99	17.53	2.56	2.22	0.00	3.50	1.79	13.65	13.65

注：

1. 本图尺寸除标高以 m 计外，其余均以 cm 计。
2. 变形缝 4×6cm 的槽口设在顶，底板的上面和侧墙的外面。过水箱涵底板变形缝的顶面可不设油毛毡，而在填塞沥青麻絮后再灌注热沥青即可。
3. 每道涵均在涵身中部（中央分隔带下）连同基础设变形缝一道，防水措施按本图所示处理。
4. 本涵地基允许承载力为 151kPa。

图 13-10

13-6（一） 参照立体示意图（图 13-11），识读某钢筋混凝土箱涵涵身钢筋构造图（图 13-12），并回答以下问题。

（1）钢筋组合Ⅰ每隔（　　）cm 布置一组。

（2）钢筋组合Ⅰ由（　　）种钢筋组成，有 5 号钢筋（　　）根。组合Ⅱ由（　　）种钢筋组成，有 3 号钢筋（　　）根。

（3）9 号钢筋垂直穿过钢筋组合均匀分布成里外两层，其横向间距为（　　）cm，与横断面钢筋组合共同组成立体的钢筋骨架。

（4）在钢筋组合Ⅰ上还分布着 7 号、8 号钢筋，7 号钢筋分布情况可由立面图和平面图来分析，8 号钢筋分布情况可由立面图和侧面图来分析。在钢筋组合Ⅱ上还分布着 7 号钢筋。半个涵洞上分别有 7 号、8 号钢筋（　　）根、（　　）根。

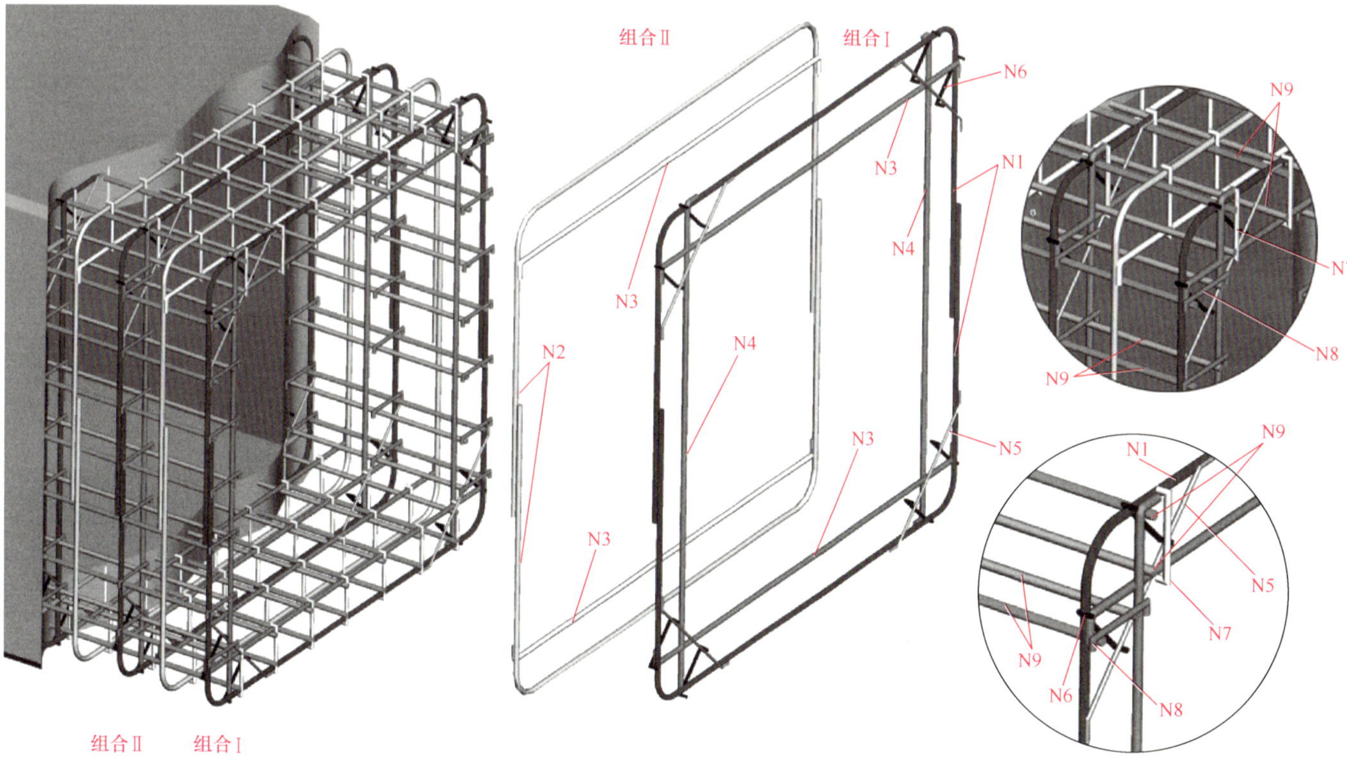

某钢筋混凝土箱涵涵身钢筋立体示意图

图 13-11

（模型）

（彩图）

13-6（二） 某钢筋混凝土箱涵涵身钢筋构造图。

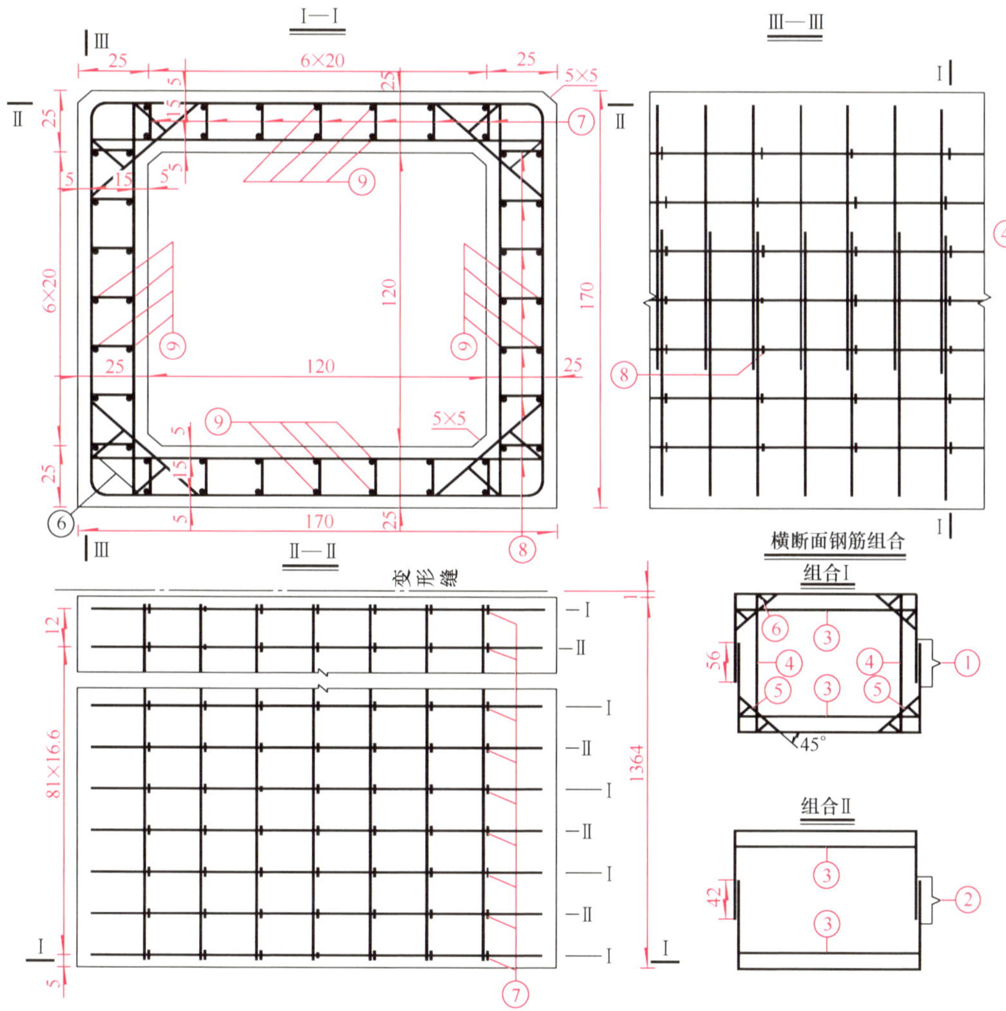

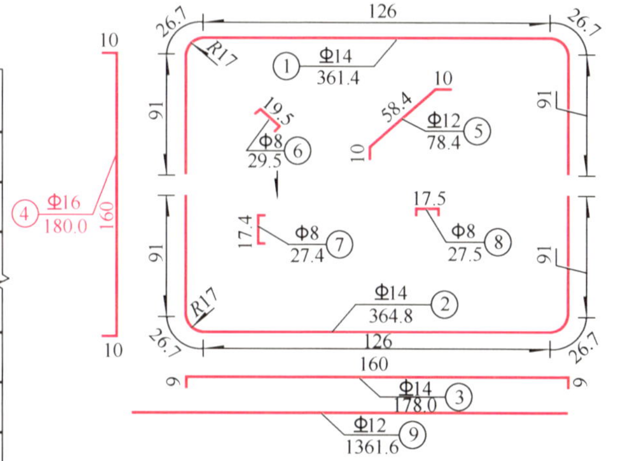

工程数量表

（半涵）

编号	直径/mm	长度/cm	根数	共重/kg	C25 混凝土/m^3
1	Φ 14	361.4	84	367.3	15.8
2	Φ 14	364.8	82	373.6	
3	Φ 14	178.0	166	357.5	
4	Φ 16	180.0	84	238.8	
5	Φ 12	78.4	168	115.8	
6	Φ 8	29.5	336	39.1	
7	Φ 8	27.4		125.8	
8	Φ 8	27.5		62.3	
9	Φ 12	1361.6	56	677.2	
Φ 14＝1098.4kg，Φ 16＝238.8kg，Φ 12＝793kg，Φ 8＝227.2kg					

注：本图尺寸除钢筋直径以 mm 计外，其余均以 cm 计。

图 13-12

项目十四　识读隧道工程图

14-1（一）　参照立体示意图（图 14-1~图 14-3），识读某隧道洞门施工图（图 14-4），并回答以下问题。

（1）隧道洞门的形式有（　　）种。

（2）该隧道洞门的侧面投影图为纵剖面图，剖切平面通过隧道中心线，投影方向为从（　　）向（　　）。

（3）从平面图中可见洞内排水沟与洞外边沟的汇集情况及排水路径，由洞内、外排水沟处标注的箭头可以看出排水路径，洞内外排水是相互独立的，排水路径相反，洞内的排水路径由（　　）洞口流向（　　）洞口；可以看出洞顶排水沟的走向及排水坡度，排水沟的坡度分为（　　）段，每段的坡度分别为（　　　　　　）。

（4）明洞回填在底部是 600cm 高的浆砌片石回填，之上是夯填碎石土，请在侧面图中指出明洞回填及夯填碎石土的位置。

（5）从水平投影图中可以看出行车道、左侧硬路肩、右侧硬路肩、土路肩、边沟、碎落台的宽度分别为（　　）cm、（　　）cm、（　　）cm、（　　）cm、（　　）cm、（　　）cm。

（6）由侧面图可见洞口仰坡坡度为（　　）%；由立面图可见洞口边坡坡度为（　　）%。

（7）该隧道洞口桩号为（　　　　　　），明暗洞交界处的桩号为（　　　　　　），洞门衬砌拱顶的厚度为（　　）cm。

（8）在侧面图中指出洞门墙、墙帽、洞顶城墙垛、洞门墙基础的投影，在立面图中指出主拱、仰拱、电缆槽、排水沟、洞顶排水沟的投影。

14-2（一）　识读某隧道衬砌断面设计图（图 14-5），并回答以下问题。

（1）该设计图适用于 V 级围岩段，超前支护采用 ϕ50 超前小导管注浆支护，其两相邻超前小导管圆周方向的间距（环向间距）为（　　）cm。小导管长度为（　　）m。

（2）该围岩段的初期支护（一次支护）有（　　）种。

（3）该围岩段在过石质层时采用（　　）锚杆，过土质层时采用（　　）锚杆。每环锚杆数量为（　　）根，锚杆长度为（　　）m，锚杆纵向间距为（　　）cm。

（4）初期支护喷射混凝土厚度（　　）cm。钢筋网片的钢筋直径为（　　）mm。

（5）主拱圈二次衬砌现浇 C25 混凝土的厚度为（　　）cm，仰拱二次衬砌现浇 C25 混凝土的厚度为（　　）cm，每榀钢拱架所需锁脚锚杆（　　）根。

（6）洞内路面横坡为（　　）%。

14-1（二） 隧道洞门立体示意图（1）。

（模型） （彩图） （模型） （彩图）

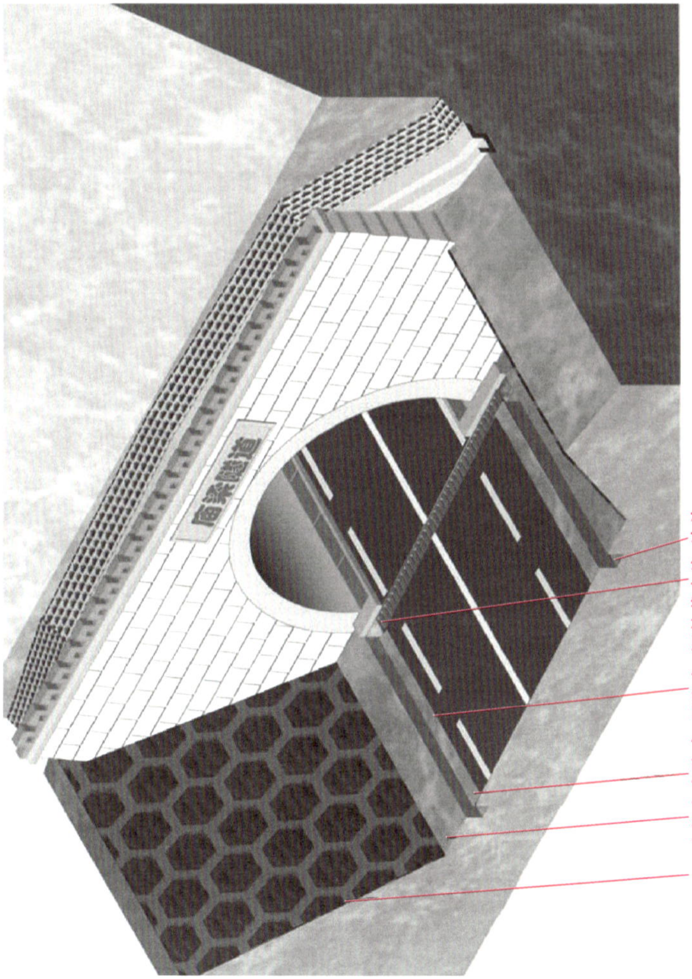

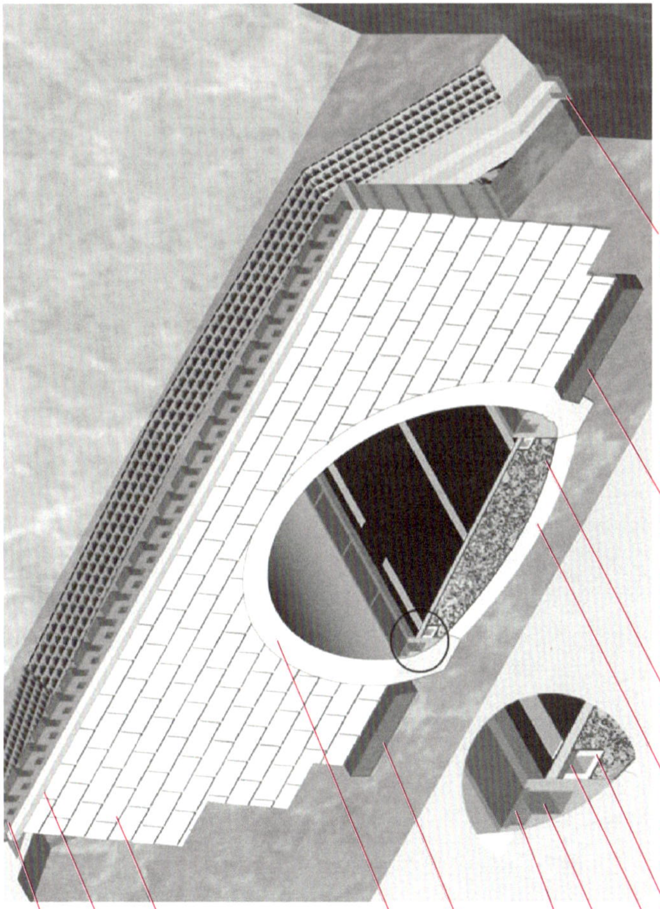

图 14-1

14-1（三） 隧道洞门立体示意图（2）。

（模型） （彩图）

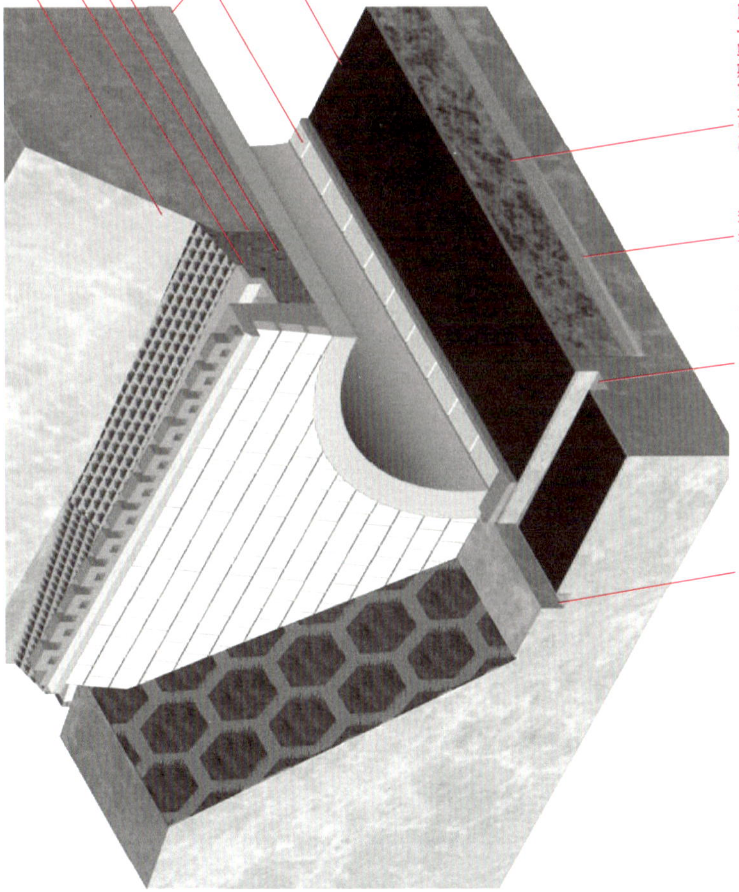

（模型） （彩图）

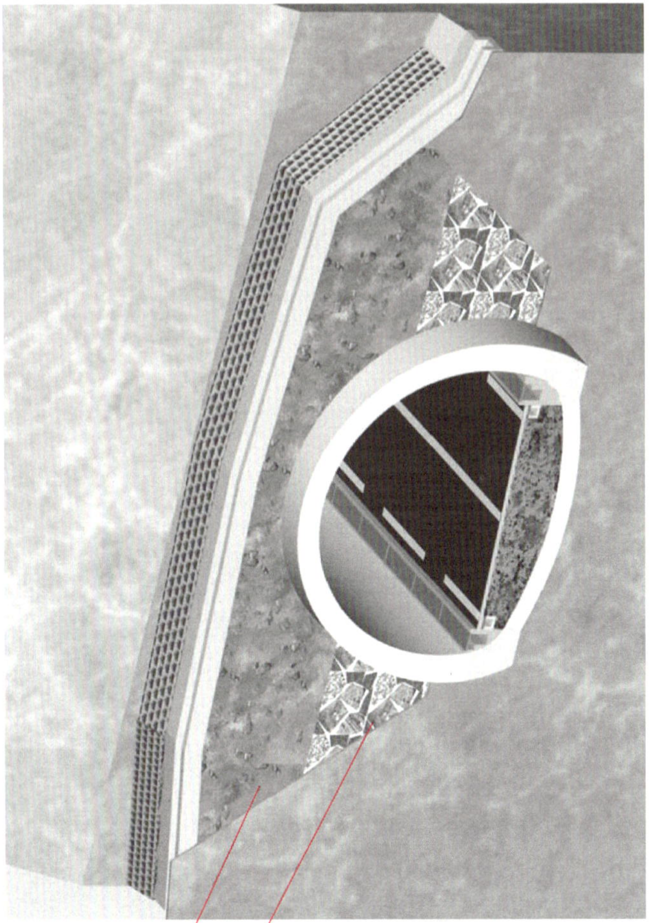

图 14-2

14-1（四） 隧道洞门立体示意图（3）。

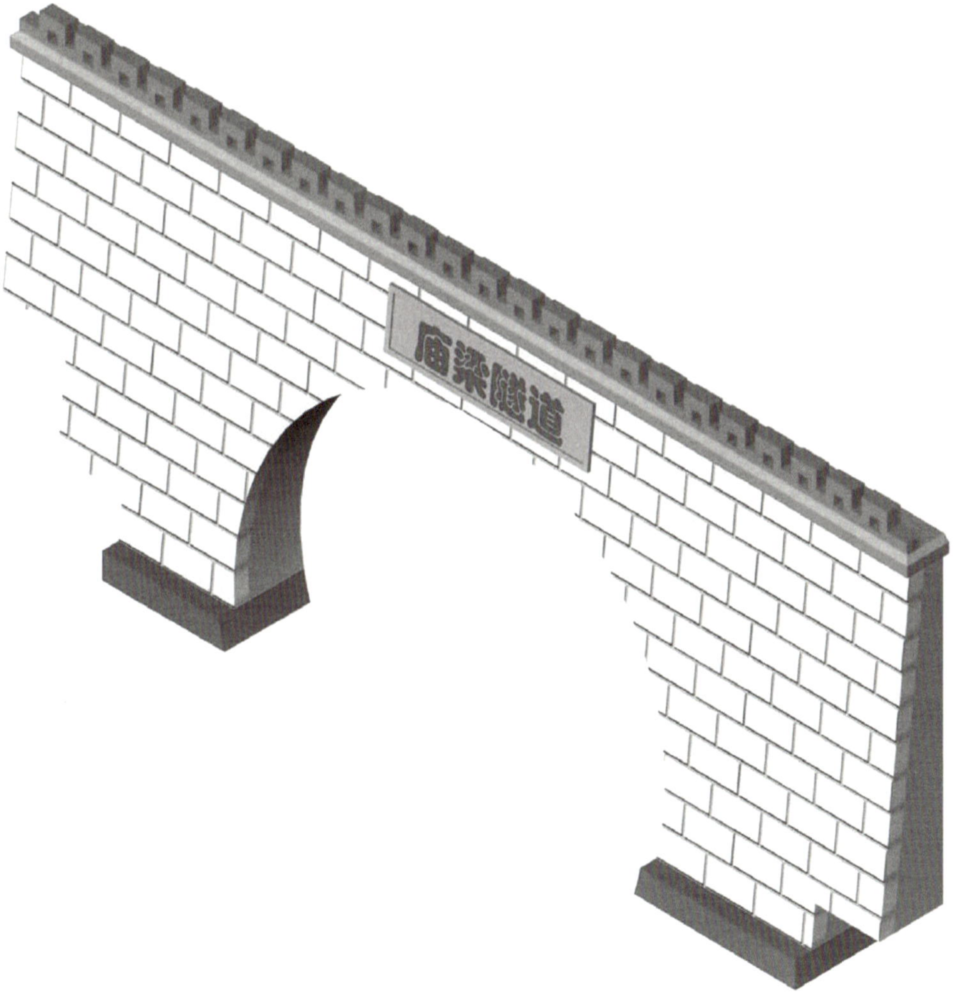

图 14-3

（彩图）

隧道洞门的结构

14-1（五） 隧道洞门施工图。

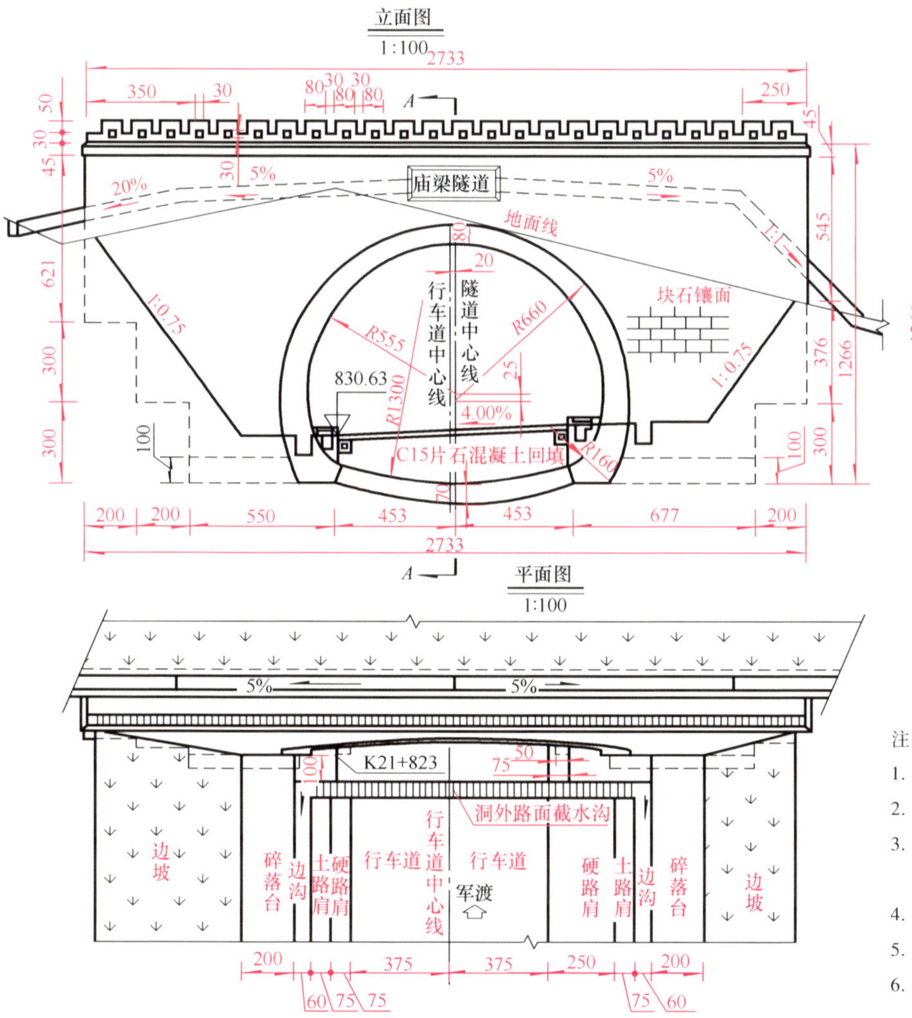

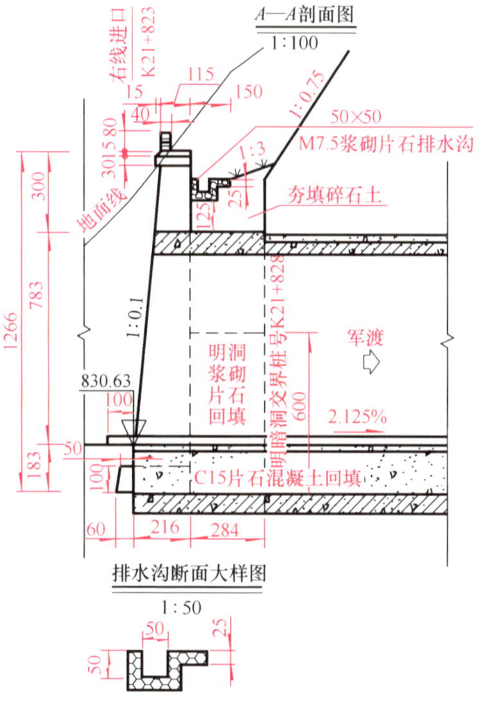

隧道洞门施工图

注：

1. 本图尺寸除标高以 m 计外，其余均以 cm 为单位。
2. 洞门桩号为 K21+823。
3. 洞门端墙表面采用 30cm×30cm×60cm 块石装饰，洞门施工应避开雨季和冬季，施工前需先做好边、仰坡防护。
4. 在洞顶截水沟横坡变化处增加消力件设施。
5. 施工后洞门顶山坡应植草绿化。
6. 隧道应遵循“早进洞，晚出洞”的原则，避免大挖大刷，实施施工与设计图纸不符时，应及时通知设计单位，调整明洞长度及边、仰坡坡度。
7. 隧道洞外路面截水沟横坡顺应路面横坡设置。

图 14-4

14-2（二） 某隧道衬砌断面设计图。

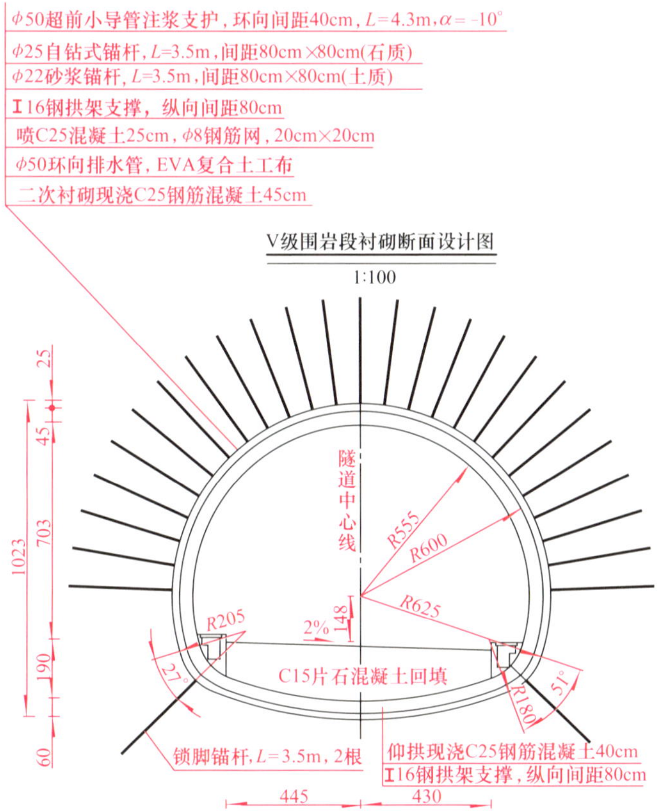

每延米工程数量表

序号	项目	规格	单位	数量	备注
1	土石开挖		m^3	103.79	
2	钢导管	ϕ50	kg	219.60	壁厚 4mm
3	注浆	水泥水玻璃浆	m^3	3.53	
4	自钻式锚杆	ϕ25	m	126.88	石质中采用每环 29 根
	砂浆锚杆	ϕ22	kg	378.10	土质中采用每环 29 根
5	ϕ8 钢筋网片	20cm×20cm	kg	93.33	
6	喷混凝土	C25	m^3	6.23	
7	型钢钢架	I 16	kg	637.35	
8	钢板	260mm×220mm×20mm	kg	67.35	
9	高强螺栓、螺母	AM20	kg	5.70	
10	纵向连接钢筋	Ⅱ级	kg	89.44	
11	拱圈二次衬砌	C25	m^3	10.45	
12	拱圈二衬钢筋	HRB335	kg	698.22	
13	拱圈二衬钢筋	HPB300	kg	100.21	
14	仰拱现浇混凝土	C25	m^3	6.57	
15	纵向连接筋	HRB335	kg	40.22	
18	仰拱钢筋	HRB335	kg	364.45	
19	仰拱钢筋	HPB300	kg	43.19	
20	仰拱回填	C15	m^3	10.44	
21	喷涂		m^2	20.19	

注：

1. 本图尺寸除钢筋直径、锚杆直径、钢板以 mm 计外，其余均以 cm 计。
2. 本图适用于 V 级围岩段。
3. 施工中若围岩划分与实际不符时，应根据围岩监控量测结果，及时调整开挖方式和修正支护参数。
4. 施工中应严格遵守短进尺，弱爆破，强支护，早成环的原则。
5. 隧道施工预留变形量 10cm。
6. 初期支护的锚杆应尽可能得与钢拱架焊接。
7. 隧道过石质层时采用 ϕ25 自钻式锚杆，过土质层时采用 ϕ22 砂浆锚杆。

隧道衬砌断面设计图

图 14-5

14-3（一） 参照立体示意图（图 14-6），识读某 V 级围岩浅埋段钢拱架支撑构造图（图 14-7），并回答以下问题。

（1）两榀钢拱架之间的纵向间距为（　　）cm，并在两榀钢拱架之间焊接有纵向连接钢筋 2，纵向连接钢筋 2 的环向距离为（　　）cm，一榀钢拱架有纵向连接钢筋 2 约（　　）根。

（2）钢拱架采用工字钢型号为（　　），工字钢高度为（　　）cm。

（3）接点 A 处经螺栓拼接，每个接点处有（　　）个螺栓连接，每一榀钢拱架上共（　　）个螺栓连接，连接钢板的尺寸为（　　）mm×（　　）mm×（　　）mm。

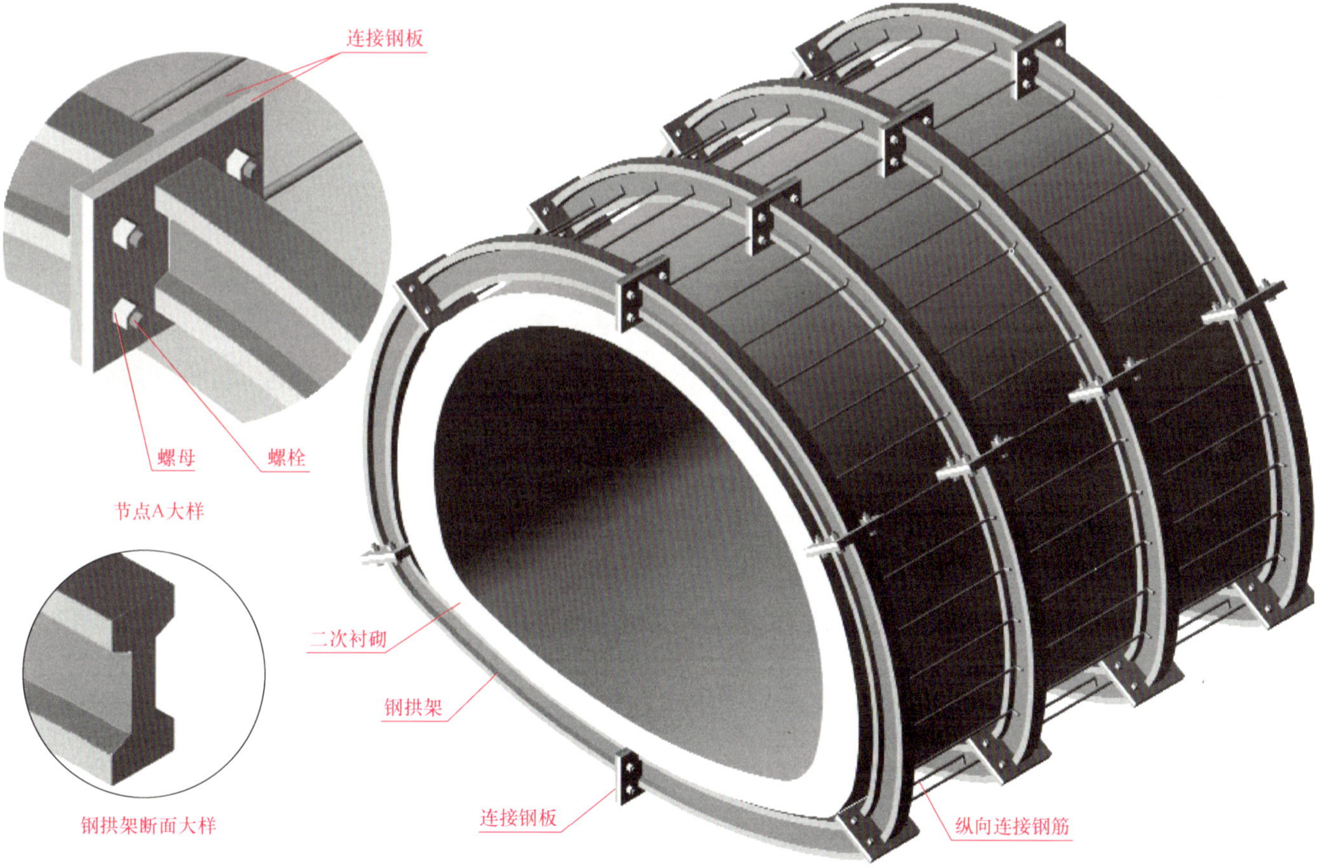

某V级围岩浅埋段钢拱架支撑立体示意图

图 14-6

（模型）

（彩图）

14-3（二） 某Ⅴ级围岩浅埋段钢拱架支撑构造图。

Ⅴ级围岩浅埋段钢拱架支撑构造图

1:100

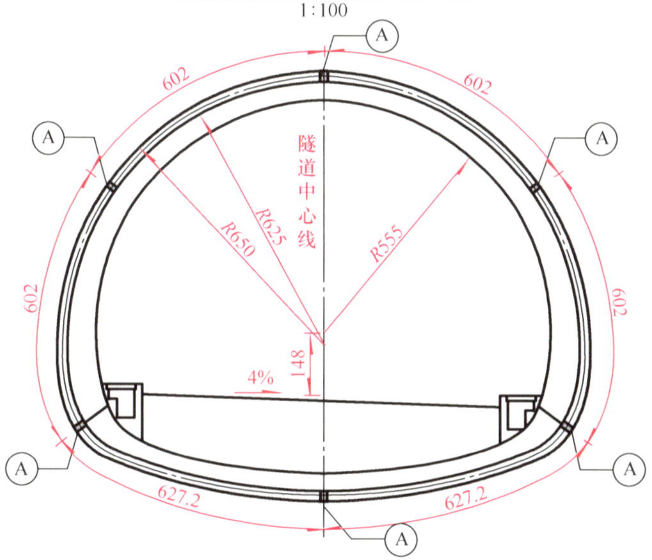

钢拱架纵向布置图

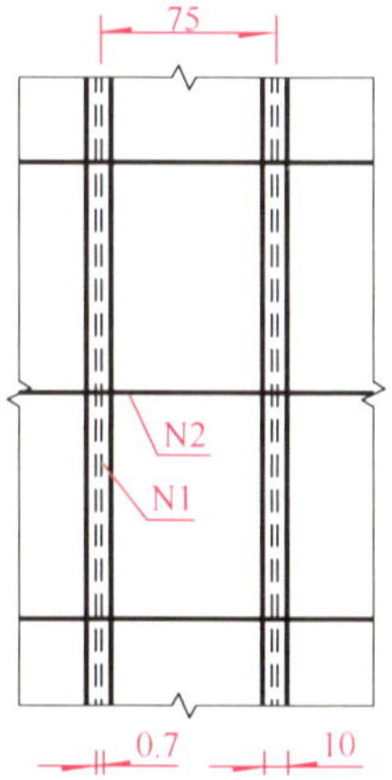

纵向连接筋大样图

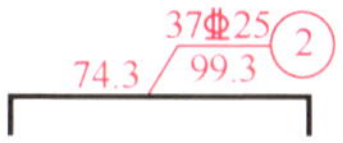

Ⅰ—Ⅰ

1:5

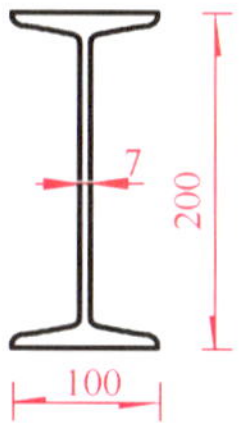

A部大样图

1:5

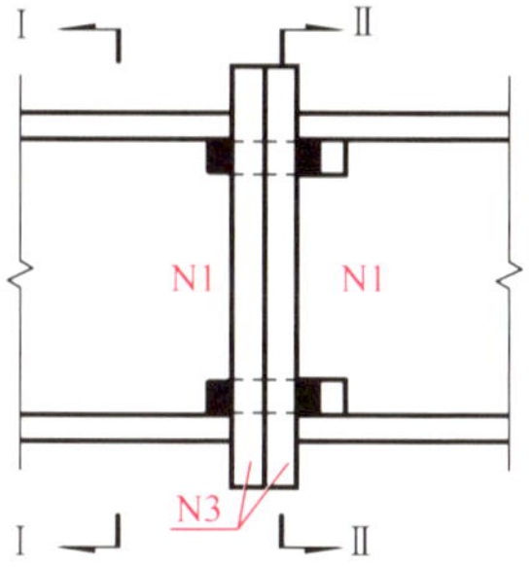

Ⅱ—Ⅱ

1:5

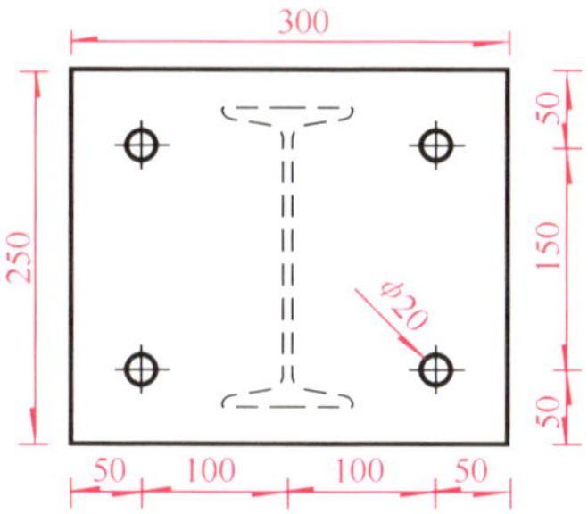

每榀钢支撑工程数量表

序号	材料	规格	单位	数量
1	型钢	Ⅰ 20a	kg	1021.8
2	钢筋	Φ 25	kg	141.5
3	钢板	300mm×250mm×20mm	kg	141.4
4	螺栓	AM20×70	个	24
5	螺母	AM20	个	24

钢拱架
支撑构造图

注：

1. 本图尺寸除钢筋直径、螺栓、螺母、钢板尺寸以mm计外，其余均以cm计。
2. 接点A处经螺栓拼接后，骑缝焊接牢固，焊接缝都应焊接饱满，不得有砂眼。
3. 两榀钢拱架之间的连接筋N2，除一般情况下按图布设外，可视拱架具体稳定情况加设交叉连接筋。
4. 每榀型钢分6段，施工时，每段长度可视具体情况作适当调整。

图 14-7

＊14-4（一） 参照立体示意图（图 14-8），识读某隧道Ⅲ级围岩段二次衬砌钢筋设计图（图 14-9），并回答以下问题。

（1）Ⅲ级围岩段采用了钢筋混凝土二次衬砌，该围岩段没有设置仰拱，只有主拱圈，主拱圈的二次衬砌的内圈半径为（　　）cm，外圈半径为（　　）cm，二次衬砌的厚度为（　　）cm。

（2）主筋的纵向（隧道轴向）间距为（　　）cm，每延米有（　　）圈主筋。

（3）箍筋的环向间距为（　　）cm，拱圈部分箍筋有（　　）个间距，一圈有（　　）根，每延米有箍筋（　　）圈，每延米共有箍筋（　　）根。

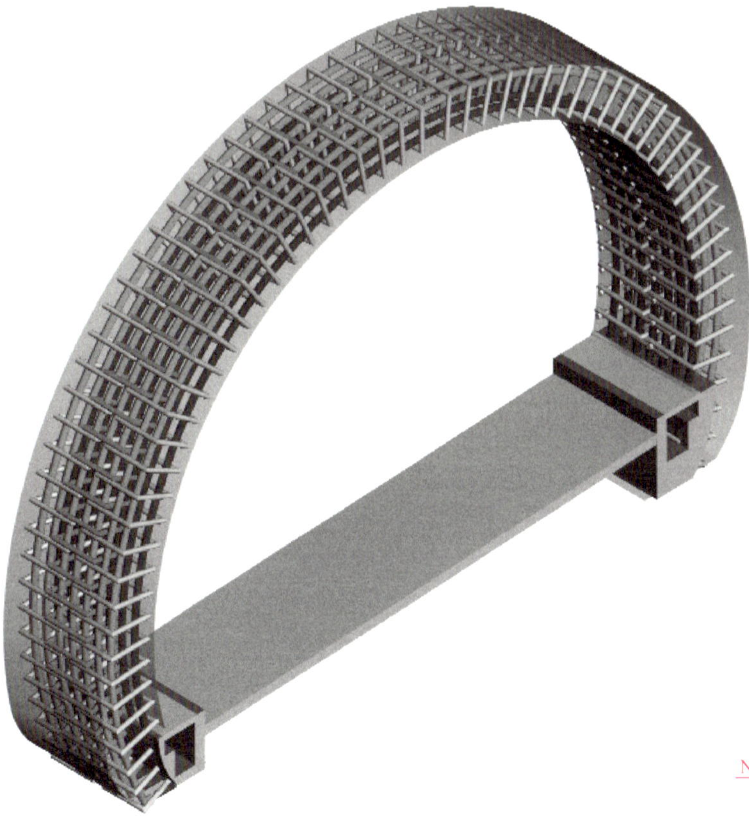

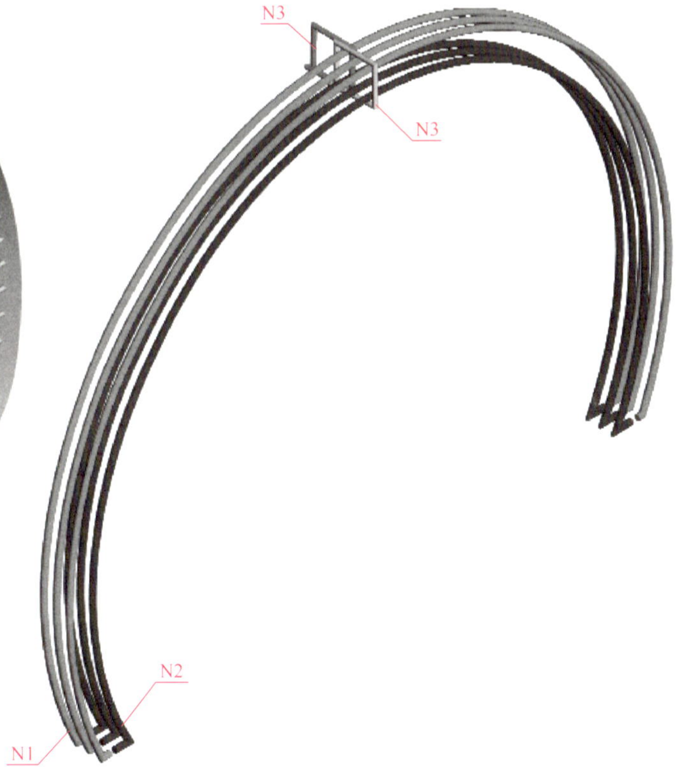

某隧道Ⅲ级围岩段二次衬砌钢筋立体示意图

图 14-8

（模型）

（彩图）

14-4（二） 某隧道Ⅲ级围岩段二次衬砌钢筋设计图。

Ⅲ级围岩段二次衬砌钢筋设计图

1:100

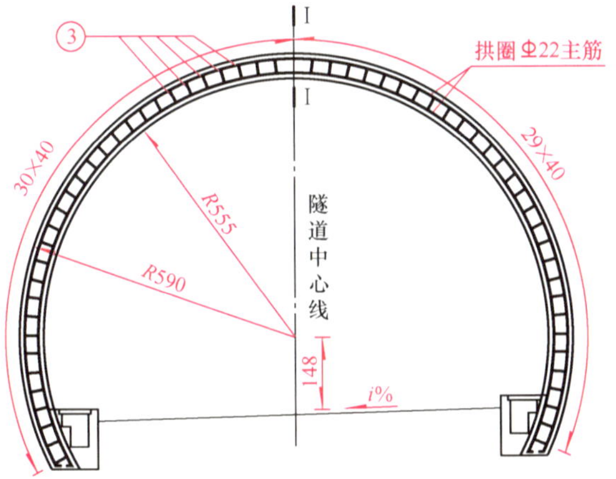

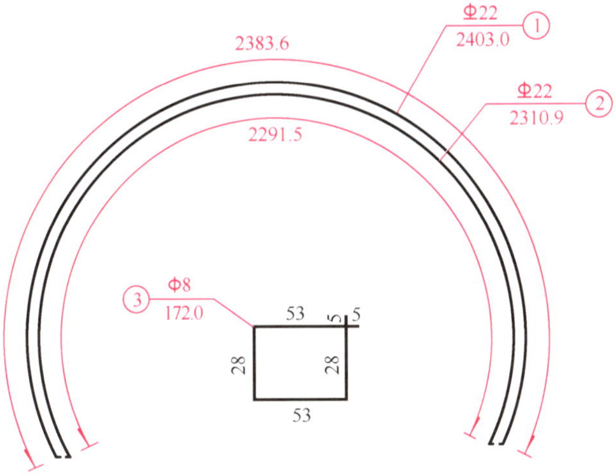

Ⅰ—Ⅰ

1:50

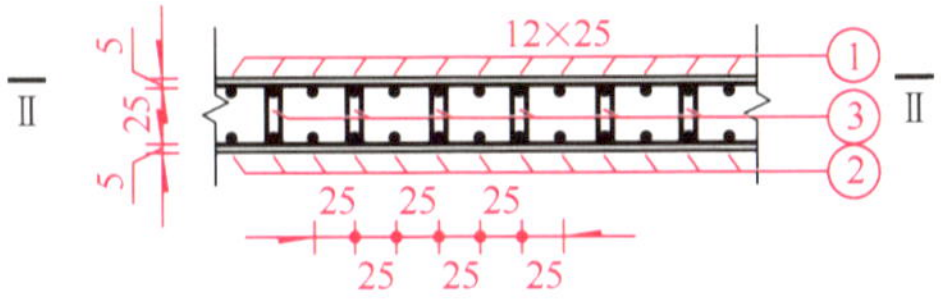

Ⅱ—Ⅱ

1:50

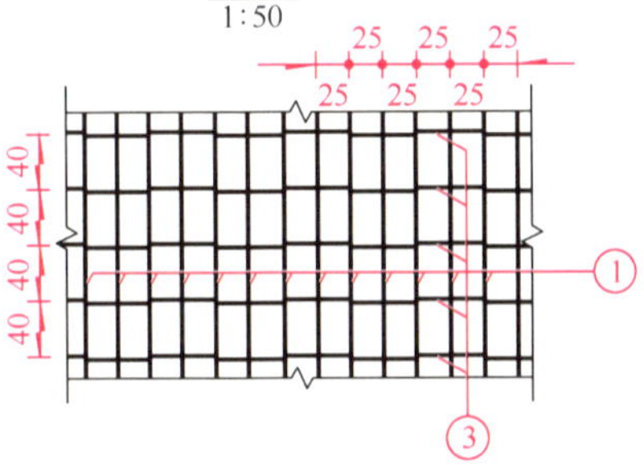

二次衬砌
钢筋设计图

每延米衬砌钢筋数量表

序号	规格	每根长 /cm	每延米根数 /根	每延米总长 /m	质量 /kg	共重 /kg
1	Φ22	2403.0	4	96.1	286.4	561.9
2	Φ22	2310.9	4	92.4	275.5	
3	Φ8	172.0	120	206.4	81.6	81.6

注：

1. 本图尺寸除钢筋直径以 mm 计外，其余均以 cm 计。
2. 图中环向箍筋间距为 40cm，主筋混凝土保护层为 5cm。

图 14-9

参 考 文 献

［1］ 杨波，宋卫卫．工程制图［M］．北京：机械工业出版社，2019.

［2］ 谢步瀛，袁果．道路工程制图［M］．北京：人民交通出版社股份有限公司，2017.